漢唐的巫蠱與集體心態

蒲慕州

序

歷史研究的目的在於更多的了解人類社會，過去的人做了什麼，如何做的，又為什麼做，有些什麼結果和影響。這些問題的解答，最後都關係到對人性的了解。由於研究者能掌握和利用的資料基本上只是極少數的片段，我們必須要承認，許多時候，研究的結論不是定論，而是在各種條件支持下所達到的比較合理的陳述或解釋。這一般性的原則或者了解，要落實到實際的例子上，會有哪些問題？問題仍然是人，是一個個的研究者，和一個個的讀者，他們的個人人格、氣質、興趣、知識、經歷，以及對於歷史研究方法的了解。

歷史研究的過程大致可以用以下的幾個層次來描述：

一、過去曾經發生過的事，可稱為歷史。

二、發生過的事，有些有留下痕跡。從歷史研究的角度看，如果有些痕跡可以幫助我們了解那些曾經發生過的事，可稱為史料。史料不等於歷史，但人們可以藉著研讀史料來推測某些歷史事實。

三、單獨的歷史事實不構成歷史真相，但是一連串的歷史事實有可能構成對歷史真相的了解。研究者在各種史料中選擇一些材料，來構成對某個歷史事件或者時段的描述，一般可以稱為歷史寫作。寫作的結果，可稱為歷史知識。歷史知識是史家解釋史料或排比個別歷史事實而得到的結果。

四、歷史事實不等於歷史知識，歷史知識是對歷史真相的描述，它有可能接近一部分的歷史真相，但不是無條件等於歷史真相。

五、歷史知識是被動存在的，讀者對歷史知識的利用，是主動的，是會造成後果的。也就是說，歷史寫作的發生作用，是作者和讀者共同造成的。

歷史寫作的題目是如何決定的？什麼值得寫？什麼不值得寫？這是研究者個人必須釐清的。客觀的說，過去曾經發生過的事，基本上已經不存在了，但由於人是有記憶的動物，記憶造成人的自我認同，人也靠記憶（加上理性）形成個人價值觀，而社會集體記憶則形成文化認同，這使得了解過去發生過的事變得重要。在人與人之間，承認共同的記憶，是形成社群的基本條件。如果各人對於曾經發生過的事有不同的記憶，那麼就必須設法達到一個共識，否則無法共同生活。顯然，如果有人認為他的記憶比別人正確，同時，他又可以設法讓別人同意他的記憶，那麼一種共同的群體記憶就逐漸的形成。但人要如何讓別人同意他的記憶是正確的，是真正曾經發生過的事？這就牽涉到人類社會的一些現實，也就是記憶權威的建立造成了共同的歷史記憶。可想而知，這樣的歷史記憶，不等於真正發生過的事情。因為這是用一種記憶壓過了或者取代了另外一種記憶。歷史研究的一個基本作用，就是或者強化某種歷史記憶，或者改變某種歷史記憶。當然很多時候歷史研究也在發掘或者形成新的歷史記憶。同時，即使是有相同的記憶，各人對於那記憶到底代表什麼意義，如何解讀，則是進一步的問題。

所以歷史研究是一種兼有主觀和客觀兩種因素的活動。材料的被發現可以是一種客觀的活動，但是如何利用這些材料來重建對於過去曾經發生的事件的描述，就是主觀的活動。

因此，什麼樣的題目值得做，是要看研究者個人的價值取向。沒有任何題目是值得或者不值得做的，關鍵在於研究者所提出他以為值得做的理由，是否具有說服力。當然這是假設研究者是獨立進行研究，而不是由其他人或機構指定題目。但有沒有說服力是兩方面的事情：論者的文化社會背景，以及接受者的文化社會背景。值得注意的是，某種說法如果具有說服力，常常不一定完全是說法的內容有理，而是誰在說。新的說法代替了舊的說法，不一定代表新的說法在內容上比舊的說法更有解釋力或者合理性。是的，要看是誰在說，是誰在聽。

從事歷史寫作的人，總是希望自己的作品可以被他人接受，而不是被拋棄。即使一時不被接受，仍然有機會在將來被接受。這是說，研究者相信自己的研究和寫作是根據可靠的材料，以及盡可能理性的態度和邏輯的推論而完成的。當然，研究的結果最後必須受到同行的檢驗。至少在一段時間一個地區之內，同行的檢驗可以保障研究者的作品不是個人的幻想或扭曲事實的結果，或者用錯資料，了解資料不足，等等問題。至於整個研究社群是否會受到政治或社會因素的干涉或者影響，以至於整體社群都處於一種（在另一種立場看來）

偏見之中，那是另外一個問題。

那麼歷史寫作的目的是什麼？這可能沒有什麼單一的答案。因為每個作者都會有自己的選擇，自己的理由和目的，不論是為了好奇、為了了解某些人事的所以然，甚至為了某些特定的理由（我們不必列舉，但不外名利、理念、展演等等）。

歷史研究及閱讀這種活動，又可以從兩方面來看：私下的，或者公開的。讀者在讀歷史作品時，可以是一種私下的活動，可以在其中找到一些滿足和啟發。但當讀者想要利用他的歷史知識去做些什麼，說些什麼，那就不一定是私下的活動，因為歷史知識常常是人們行動背後的動力，不論是私下或者公開。同樣，歷史寫作本身也許是私下的活動，但其實也是公開的活動，因為作者通常期待作品可以公開出版，供大眾閱讀。作為歷史知識的創造者，歷史作家在理想上應該要能夠遵循一條原則，即其所產生出的歷史知識，是基於歷史事實，而不是偽造出來的。也許有人認為，寫出盡量接近真實的歷史，這是歷史家的責任，因為他們寫下的東西可能會促使讀者進行某些活動，進而對社會造成影響。這是假設說，不真實的歷史寫作，是對社會文化有害的。史家寫作，就像法官判案，當然應該追溯案子發展的歷史，才能還原案情真相，使罪犯得以伏法，正義得到伸張。當然，一個史家即使是用了完全真實的歷史事實，結果仍然寫出一篇不真實的歷史敘述，這是完全可能發生的。這是因為，歷史事實雖然是客觀存在的，真正絕對客觀的歷史知識可能並不存在。所有的歷史知識都是來自史家對史料的了解和解讀，因而也就難免會有個人的偏見和疏失。何況，許多時候，寫歷史的人會為了某種目的而操弄史料，甚至故意曲解史料，以創造一種適合特定目的之歷史知識和歷史記憶。更何況，史家如何寫，不表示讀者會如何理解，或者讀者會如何利用他們讀到的歷史。

應該避免的事，是史家宣稱自己的作品已經揭露了所謂歷史的真相，描述了歷史發展的全貌。這不是說，史家不必追求歷史的真相，而是要用反省的態度承認，史家所能做到的，只是盡可能以誠實的態度去追求真相、接近真相。這誠實的態度包括承認個人可能有的文化偏見，承認所使用的材料不見得完備，了解不見得合適，並且願意接受同行的檢視。歷史寫作的功用主要不是為了娛樂讀者（雖然那也可以是一種作用），也不是為了表達高深的哲理（雖然不少史家也許私下如此希望其作品有哲學的深度），而是提供負責任的歷史敘事（儘管那不見得等於所謂的歷史真相），或者說，提供人類社會一種相對可靠的集體記憶，以供人們在充滿無數「事實」的記憶之海中摸索一條可靠的去路，並為社會的存在建構一個可靠的基礎。如果史家不認為自己有責任盡量提供接近真實的歷史，就像法官不重視追尋案情的發展，那不如去寫小說。因為，至少小說作者可以從自己所了解的人性去描述一段故事，也有可能掌握一個時代的歷史真相。不是有人說嗎？歷史作品中除了人名地名和時間之外，沒有真相，而小說中除了人名地名和時間之外，就是真相。我們不必被這種比較極端的說法所困擾，但它的確說出一些重要的現象。最可怕的，是有一類所謂的歷史家，即使明知事實為何，仍不惜扭曲事實，以書寫真實的歷史為名，為特定的立場提供偽證，以遂其私利。

總之，上面這些想法，是為了導出一個理念：歷史研究者如果能夠反省自己的工作是在什麼樣的文化脈絡及思想框架中進行的，這脈絡和框架有什麼特性，也許可以更客觀的評量個人的工作成果和思考方式的限制。這想法是否過於一廂情願？的確有可能，但看個人做什麼樣的選擇。

回顧本書的寫作，始於三十多年前的一篇文章，三十多年後，因為偶然的機緣重拾舊作，加以擴充，成此小書。[1]本書既無意於做一個全面的、地毯式的描述，只希望藉著這個相當特殊的題材來挑出一段較少受注意的歷史，為那汪洋的歷史大海投入一滴墨水。至於這段故事是否會被讀者接受而造成任何的改變，則有待來日。

最後，謹以本書獻給我的家人秉真、歆笛、歆嵐，並紀念古今中外無數曾遭構陷的受害者。

1 本書部分研究成果曾接受香港大學撥款委員會支持（GRF No. 14610917），謹此致謝。

目次

第一章

導論

最近幾十年間，歷史研究發展出許多新的議題、新材料和新方法。社會和文化史有了長足的進步，學者們嘗試跳出國別史與政治史的框架，從全球的角度，帶入多重線索和跨學門的思考路徑。社會史不再是，或者不只是關切社會階層的結構和功能，而是關於宗教、文化和政治等等因素如何共同造成了社會的演進。宗教史也不只是討論宗教的範疇，如儀式、神學、教條等等，而是考量政治、經濟，或者大眾心態如何影響了宗教的發展，或者宗教與其他因素的互動關係。

在有關早期中國歷史和文化的研究方面，類似的趨勢也愈來愈明顯。近來有關中國宗教的研究，就有不少是從跨學科的角度出發的。[1]本研究也希望由這種跨學科的角度出發來研究一個跨越宗教，政治，大眾心態等等因素的題目，即討論由漢到唐所謂的巫蠱之術在宮廷政治中的角色，以及此現象所反映出的諸多文化和社會問題。

1 Lagerwey, 2009, 2010, 2019; Poo, 2013.

對漢代歷史稍有了解者大多至少聽過漢武帝晚年發生的巫蠱之禍。在那次事件中，數千人喪命，太子自殺。由於此事件的慘烈，它成為後世史籍經常提及的例子，而巫蠱之術也成為以下數百年宮廷鬥爭的新工具，對後世宮廷政治、社會記憶，以及宗教心態均造成一定的影響。東漢學者桓譚（西元前二三—前五六）對漢武帝巫蠱之禍有以下的評論：「（漢武帝）信其巫蠱，多徵會邪僻，求不急之方，大起宮室，內竭府庫，外罷天下，百姓之死亡，不可勝數，此可謂通而蔽者也。」[2]這說法認為巫蠱之禍的主因是武帝個人的迷信和消耗國力之故。但當代學者的研究顯示，巫蠱之禍不只是武帝個人的錯誤所造成的家庭悲劇，更是複雜的個人恩怨、宮廷派系之間權力鬥爭、皇位繼承、社會動盪、迷信和武帝個人的精神狀態等等因素的綜合結果。[3]社會中流行的有關巫蠱的信仰，加上謠言在宮廷內外的流傳，更加深了問題的複雜性，而巫蠱遂成為所有這些因素發酵之後的藉口或者引爆點。[4]

不過，武帝時的巫蠱之禍只是許多類似的事件中最著名的。由漢到唐，甚至到近代，史籍記載了許多發生在宮廷之間的巫蠱事件，大多牽涉到皇親國戚及政府官員，其中又以漢唐之間最為頻繁。我們不禁要問，是什麼樣的社會、文化、法律和宗教環境滋養了或鼓勵了巫蠱的信仰和行為？這些事件既然延續如此之久，是否有何模式？這些事件對於我們了解宗教和社會的發展有何意義？顯示出當時的宗教心態是什麼？同時，官方史籍的記載和私人記載、方志、醫藥文獻，以及宗教文獻如佛經道藏中的記載有何異同？[5]這些都是值得進一步探討的問題。

研究西歐歷史上的巫術的學者指出，有關巫術的現象必須由多重的角度出發，以包括不同的研究徑路。[6]在中國，從政治史的角度看，記載在史書中的

2 桓譚，《新論》，卷一〇。桓譚作品已佚，今依朱謙之輯本。

3 Loewe, 1974; 蒲慕州，一九八七；Cai Liang, 2014; Zhao Xiaohuan, 2013.

4 Loewe, 1974; 蒲慕州，一九八七；Cai Liang, 2004; Zhao Xiaohuan, 2013.

5 高國藩，一九九九；Kalinowski, 2003.

6 Briggs, 1996.

巫蠱事件代表的是中國宮廷政治中一種特殊的現象，因為巫蠱之術成為人們用以達成特定的政治目的、剷除異己、掠奪資源、獲得高位所使用的藉口及手段。從宗教社會史的角度來看，如果要了解為什麼巫蠱之術會被認為是一種極大的惡行，我們就必須探究當時的宗教心態和社會心理。我們必須辨識當時流行的宗教信仰，不論是佛道或民間信仰，和巫術之間的關係。[7]我們必須檢視佛道二教的理論和作為，看他們如何解釋他們的儀式行為和巫術之間的不同之處。如此就有可能建立對大眾心態的理解。從大眾心理的角度來看，我們也應對謠言的傳播和巫術的信仰之間的因果關係有所了解。從人類學的角度，我們不但應該要分析不同形式的巫術，也要檢討一個相對封閉的社會中巫術的施行在理論上應該如何分析。[8]

根據以上的理解，我們又應該提出一些關於巫術的社會文化背景，以及宗教脈絡之基本問題。首先是，誰是巫者？所謂的巫蠱包括了什麼活動？什麼論述？施行巫蠱之術的動機為何？其次，是誰指控別人行使巫蠱術。那些指控別人行巫術的人真的相信有巫術嗎？或者，那些指控其實是包裹在半信半疑之中，同時夾雜了惡意和妒嫉？還有，那允許巫蠱之術被揭示或發現的機制是什麼？因為巫蠱術原本應該是在祕密之中進行的。那麼，這消息走漏或者揭露是否有某種模式？由於巫蠱事件通常會導致被控行巫蠱者的悲慘下場，我們應該知道那些被控告行使巫術的都是些什麼人，而被巫術所害的人又是些什麼身分。在事件之後，是哪些人得逞，哪些人得利？由於巫蠱之術經常牽涉到女性或者女巫，那麼巫蠱是否和施行者的性別有直接或密切的關係？[9] 我們能否由這些事件觀察到女巫和社會中女性地位的關係？又由於其實許多社會中亦有男巫存在，那麼該如何解釋？

我們還可問有關巫蠱事件的觀察者的問題：歷代作者對巫蠱的評論是如何的？是否在不同的時代有所不同，而這不同是否又可以反映當時的文化和智識

---

7 Mollier, 2008; 林富士，二〇一〇。

8 Levack, 1992a.

9 Anderson and Gordon, 1978; Barstow, 1995.

環境？而且，與巫蠱術相關的法律規定是否在不同的時代也有不同？最後，各個宗教傳統是如何定義，又如何看待巫術的？這問題之所以重要，是因為巫術在某種意義之下是一種招引鬼神之助的活動，因而無可避免和社會上一般宗教心態有關係，且可能侵犯了宗教的權威。

再其次，我們也需要了解社會上的醫療狀態，是否當時的醫療知識可以幫忙人們了解而去除對於蠱的恐懼，或者加強了對蠱的信仰？在醫療專業人士之中，是否有對於蠱的共識？這共識又是否對社會一般人的知識環境有影響？

漢武帝時候的巫蠱事件顯示，造成巫蠱之禍的因素很複雜，包括個人的心理和精神狀態、集體對巫術的恐懼、臣子之間的鬥爭、派系傾軋、皇位繼承的矛盾等等。因此，應該探討各個案例的細節，將以上的問題應用到這些案例之上，看看是否可以發現某些行為模式，以幫助我們了解或想像一些資料比較缺乏的例子可能是如何發生或進行的。這樣的研究，必然是要採取跨學科的路徑，它必須要關注整個社會文化環境，才有可能了解巫蠱事件在宮廷政治中所扮演的角色。當然，這些應該研討的問題在本書中不見得能完全得到解答，但歷史研究的重點之一，正是要提出值得討論的問題，以促進我們對歷史和人類社會了解的深度。

對於熟悉歐洲近代早期獵殺女巫的歷史的學者而言，中國古代的巫蠱事件也可以提供一個跨文化比較的例子。[10]當然，歐洲的獵巫主要是發生在基督教社會中，牽涉的主要是普通人，而有關女巫的文獻資料基本上是各城市的檔案和教會的紀錄。但學者如何去檢視資料，如何考量這些資料的意圖，以及控告及捕捉女巫的人物和機構的動機，都是有用的關於研究方法的參考。[11]同時，不論是在歐洲或中國，巫術都被視為是異端行為，嚴重的冒犯了教會或者皇帝的權威。因而權威控有者如何看待巫術，巫術又如何被人們利用來打擊異己，

---

10 Zhao Xiaohuan, 2013.

11 有關歐洲獵女巫之研究極多，可參見Russel, 1972, 1980; Ginsburg, 1983, 1991; Ankarloo and Henningsen, 1990; Barstow, 1994; Davies, 1999。本書所附參考書目亦僅為一小部分。

是雙方共同的問題。本研究因而也會設法進行一些比較的討論，以期更深入的了解社會中信仰、政治和大眾心態之間的互動關係。

第二章 巫蠱之源起

本研究所界定之主要討論對象，為由漢代到唐代以巫蠱之術害人之歷史記載，而並非所有關於巫術之事，或者關於巫覡之記載。作為一種黑巫術，巫蠱在現代人的概念中是邪惡的、帶有神祕性的害人之方法。但現代中文中所謂的巫蠱，其參考系統大多為西南少數民族中流行的蠱，不少學者已經有所論述。[1]

然而在古代，巫蠱二字的意義並不完全和西南少數民族地區完全一樣。所謂巫蠱與祝詛為兩件事。巫蠱又原為二事，巫為巫術，蠱為病痛或病毒，兩者原無關係。以巫術之施行而令人中蠱毒，則為巫蠱。祝詛之術，則為以呪術之施行達到令人生病或死亡或遭禍之目的，其中不一定有蠱毒。然而巫蠱祝詛合而觀之，均為以巫術手段以達到加害他人之目的，可以黑巫術一詞統括之，在本文的討論中，將巫蠱與祝詛當作同一件事來看。因為到了漢代，實際上人們也常常認為兩者是同一回事。巫蠱祝詛之現象，為世界各文明中常見，其根

1 李卉，一九六〇；翁乃群，一九九六；鄧啟耀，一九九九；呂養正，二〇〇一。

源，有部分為人生理和疫病之自然因素，另一部分則為宗教中對鬼神力量之信仰，以及人因社會制約而產生的各種心理因素。

在古代中國，最早有關蠱的記載見於甲骨文中，當時是用以描述一種致病的原因。由於蠱字的構形為皿中有蟲，其基本的意義不外是某種病蟲為害，而且可能與飲食有關。不過此時所謂的蠱，應該已經是帶有某種比較神祕性、不可見的病因，因為以一條牙齒疼痛的資料來看，「有疾齒，唯蠱虐。」胡厚宣引用此條論殷人疾病時，以為卜辭中之蠱為毒物所致。[2]就文意而言，此時的蠱字應指的是一種致病的因素，而不專指與腸胃有關的病。不過無法得知此等病痛是否為造蠱者所施放而引起的。《左傳》昭公元年記載：

> 晉侯求醫於秦，秦伯使醫和視之，曰：「疾不可為也，是謂近女室，疾如蠱，非鬼非食，惑以喪志。」……「女，陽物而晦時，淫則生內熱惑蠱之疾。」趙孟曰：「何謂蠱？」對曰：「淫溺惑亂之所生也。於文皿蟲為蠱，穀之飛亦為蠱，在周易，女惑男，風落山，謂之蠱。」[3]

在這段看來有些混亂的敘述中，可以注意的是，醫和所說的「疾如蠱」，是說晉侯的疾病的徵象有似蠱疾，是由於近女色所造成。這種近女色造成的疾病，不是鬼魅作祟，也不是由於飲食所造成。反過來看，這也就等於說蠱是由鬼和食物造成的疾病。「於文皿蟲為蠱」，意思應指器皿中食物腐敗生蟲稱為蠱，也就是蠱字造字的本意，是和腐敗的食物有關。「穀之飛亦為蠱」指的是穀物生蟲飛出的現象，也可稱為蠱，但已經是引申義，所以說「亦為蠱」；「女惑男」為蠱，其實是說由於近女色而產生的虛弱之疾。又說「淫則生內熱惑蠱之疾」，則此處之蠱亦為引申義。《左傳》莊公二十八年，「楚令尹子元欲蠱文夫人」，這裡的蠱字也是指的女色淫惑，但是此處是男子設法令女子犯淫惑之罪。至於宣公八年「晉胥克有蠱疾」[4]的蠱是否如杜注所說「惑以喪志」，就

2 胡厚宣，一九四四：一二一一四。

3《左傳注疏》，頁七〇八。

4《左傳注疏》，頁三七九。

不得而知了。至於「風落山為蠱」，則為另一引申義。《周易》有蠱卦：「象曰，山下有風，蠱。君子以振民育德。」[5]《說文解字》段注蠱字下引：「序卦傳曰，蠱者事也。伏曼容注曰：蠱，惑亂也，萬事從惑而起，故以蠱為事。」[6]看來在許慎的東漢時代，蠱字用為蠱惑之意，應該已經是一般公認的用法。但這並不違背蠱字的原意，即造成疾病的病毒。再者，醫和的說法間接指出蠱病和鬼有關係，也即是與害人的巫術有關。《侯馬盟書》中有一例，殘存詛蠱二字，可能是目前所知最早將祝詛與蠱相聯的例子。但是，此例看來可能只是咒詛者希望對方得蠱疾，不一定有放蠱毒的行為。[7]我們可以推測，在商代，蠱作為一種病因，可能已經具有某種神祕的性質，成為人們懷疑和懼怕的對象。這種觀念，可能一直在中國西南邊境少數民族地區流傳，因而學者指出，納西族東巴圖像文字中之瘟神作容器中放二條蟲，應即蠱字在東巴文中的體現，這與商代甲骨文的造字理念是一致的。[8]

在《周禮》中，秋官庶氏的職掌為：「掌除毒蠱。以攻說禬之，嘉草攻之。」[9]據鄭玄注，攻說為一種祈祀，而嘉草則可能是藥草。如此，處理蠱之方式顯示人們將蠱視為一種必須用宗教和醫藥兩種方式來解決的問題。這其實與古人治療任何其他疾病一樣，因為在當時人的心中，人之所以得病，其來源本就有由於鬼神降災，以及物理生理因素兩方面。秦簡《日書》記載，如人無故得病，其解除方式常常以各種相應之儀式為之。馬王堆《五十二病方》中治病的方法，一方面施以藥劑，另一方則誦咒語，也是同樣的心理。[10]同時，可以推測，《周禮》雖是部古代政治制度的理想建構，但它將除毒蠱的工作特別立一個官職，至少顯示當時觀念中，毒蠱是有似一種威脅公共衛生的問題，必

5 《周易正義》，頁五八。

6 《說文解字注》，頁六八三。

7 山西省文物工作委員會編輯，一九七六：四二、七八–七九。

8 方國喻、和志武，一九八一；鄧啟耀，一九九八：五二。

9 《周禮注疏》，頁五五七。

10 蒲慕州，二〇〇五，第四章。見周一謀、蕭佐桃，一九八九：一四二–一四三。

須由政府處理。但是《周禮》中的蠱，不論是否為病名，或者為某種惡靈，都似乎尚未與祝詛之術聯在一起。

《山海經》的寫作時代大約在戰國中晚期，其中多次提到服食某些東西可以不受蠱疫侵襲，譬如《中山經》中有一段：「……又東三十里，曰浮戲之山。有木焉，葉狀如樗而赤實，名曰亢木，食之不蠱。」類似的段落不必一一列舉。[11] 這些材料可以提供一些佐證，指出當時人概念中的蠱是可以經由服食而解決的病痛，似乎不見得必須與宗教活動發生關係。一直到秦統一之前，蠱災一詞，指的應該都是某種害人的惡靈或惡氣，但是這蠱看來並不是有人故意放來害人，而比較像是自然流行的疾病和惡靈等。例如《史記》中記載：

> 作鄜畤後七十八年，秦德公既立，卜居雍，「後子孫飲馬於河」，遂都雍。雍之諸祠自此興。用三百牢於鄜畤。作伏祠。磔狗邑四門，以禦蠱菑。[12]

注云：「磔，禳也。厲鬼為蠱，將出害人，旁磔立於四方之門。」這種在城門四隅用動物鮮血來抵禦蠱菑的方式，顯然有一種對厲鬼的相信，而「蠱菑」是厲鬼所造成的。類似的記載也可以在《禮記．月令》中見到：「季冬之月……命有司大儺，旁磔。」[13]《後漢書．禮儀志》中著名的有關大儺的一段記載中，蠱也是一種可以被消滅的惡靈之屬：

中黃門倡，侲子和，曰：「甲作食凶，胇胃食虎，雄伯食魅，騰簡食不祥，攬諸食咎，伯奇食夢，強梁、祖明共食磔死寄生，委隨食觀，錯斷食巨，窮奇、騰根共食蠱。[14]

11 郭璞注，袁珂點校《山海經校注》，頁六、二九、一四一、一四六、一四八、一六八。

12《史記》，頁一三六〇。

13《禮記注疏》，頁三四七。

14《後漢書》，頁三一二七—三一二八。

顯然這裡的概念是和周禮一致的，即蠱毒是政府必須處理的一種對公共衛生的威脅。但是另一方面我們也看到，漢代時蠱的概念已經開始與祝詛之術聯在一起，成為巫者用來害人的工具。如此一來，巫蠱二字聯用，有了新的意義。如下文所論，由漢至唐，巫蠱一詞在史籍中不斷出現，成為漢唐宮闈政治中常見的插曲，也是政治鬥爭的工具之一。

當然，巫蠱之蠱與原本自古以來所謂的蠱是否為同一回事，是必須討論的問題。近人研究以為以巫法施蠱毒是秦時西方胡人，或者秦漢之際由西南夷人所傳入，[15]並非中國所原有，其說各有所據。而漢代有關巫蠱祝詛的記載也的確常與胡巫、楚巫、越巫等邊疆民族有關。《史記・酷吏傳》記載：「匈奴至為偶人象郅都，令騎馳射，莫能中。」[16]這種方式是人類學所謂的交感巫術，以偶人像被害者，以針刺或其他方式傷害偶人，以達到傷害目標者的目的。這也和下文將討論的武帝時代的巫蠱之禍中的描述相似。《漢書》中記載，在巫蠱事發後，一個所謂施行巫蠱的證據是在地下埋木偶人：「（江）充將胡巫掘地求偶人，捕蠱及夜祠視鬼。……遂掘蠱於太子宮，得桐木人（師古曰：充使胡巫作而薶之）。」[17]《漢書》又有關於楚地巫者的記載：「楚地巫胥迎女巫李女須，使下神祝詛……使禱巫山，會昭帝崩，胥曰，女須良巫也。」[18]這三則材料都將行巫蠱巫術與胡巫、楚巫相關聯。但是僅就西漢材料來看，還沒有直接證據可以說當巫蠱二字聯用時蠱字是指放蠱毒的意思。江充在宮中掘蠱，「得桐木人」，[19]顯然蠱即是桐木人，也就表示蠱字的意思在此是泛指一切可以致人以病或死亡的媒介，非必為毒物。用偶人為媒介，其法主要是靠詛咒，中詛之後生的病，才是有引申義的蠱疾。[20]所以西漢時代所謂的巫蠱，其意義

---

15 李卉，一九六〇。

16《史記》，頁三一三三。

17《漢書》，頁二一七八—二一七九。

18《漢書》，頁二七六〇。

19《漢書》，頁二一七九。

20 古埃及人也有類似的祝詛法，乃取小泥人，上書祝詛者之名，咒詛畢將泥人打碎，象徵敵人被法術所殺。見Sethe, 1926。

和後世施蠱毒的害人術雖有相同之處，但也不完全相同。後世蠱毒之法極可能是自邊疆傳入中原，漢人見其毒發的症狀與古代的蠱疾相類，就用原有的巫蠱一詞來指放毒的巫術。[21]

於是我們可以看見，在民間，自漢唐以下，蠱的概念延續了先秦以來有形的病蠱與無形的惡靈兩種性格，繼續發展。至少到了唐初，蠱的意義已經與後世所了解的西南少數民族的蠱大致相同，《隋書．地理志》中記載：

> 新安、永嘉、建安、遂安、鄱陽、九江、臨川、廬陵、南康、宜春，其俗又頗同豫章，而廬陵人厖淳，率多壽考。然此數郡，往往畜蠱，而宜春偏甚。其法以五月五日聚百種蟲，大者至蛇，小者至蝨，合置器中，令自相啖，餘一種存者留之，蛇則曰蛇蠱，蝨則曰蝨蠱，行以殺人。因食入人腹內，食其五臟，死則其產移入蠱主之家，三年不殺他人，則畜者自鍾其弊。累世子孫相傳不絕，亦有隨女子嫁焉。干寶謂之為鬼，其實非也。自侯景亂後，蠱家多絕，既無主人，故飛遊道路之中則殞焉。[22]

《隋書．地理志》的描述，與人類學者在現今西南少數民族地區所採訪而得的說法基本上並無二致，蠱的產生，是由有形的毒物而來，其造成病害，是因為食入腹內，並產生腹疾。但成蠱之後，若害人得逞，蠱會回到蠱主之家中，而若是三年之中不再次害人，則蠱主自家就會中蠱得病。這段描述又將蠱的活動給予某種神祕的解釋。[23]

值得注意的是，在社會中蠱的意義從來並沒有完全固定，即使巫蠱之禍在朝廷造成軒然大波，在民間仍然有人認為蠱為某種飛蟲，也不是為人所下在食物中的無形毒害。干寶在《搜神記》中說：「余外婦姊夫蔣士有傭客，得疾下

---

21 李卉，一九六〇。李文並沒有分別西漢之蠱與後世有所不同。頁二七五：「中國古代有蠱，或認為與巫有關而已。至於造蠱的程序與蠱的本事那一套傳說，多半是秦漢以後，中原與西南夷交往頻仍以後的事。」

22 《隋書》，頁八八六—八八七。

23 Feng and Shryock, 1935；李卉，一九六〇；鄧啟耀，一九九九：二九—四七；容志毅，二〇〇三；呂養正，二〇〇一；陸群、譚必友，二〇〇一。

血，醫以中蠱，乃密以蘘荷根布席下，不使知，乃狂言曰，食我蠱者乃張小小也，乃呼小。小亡云。今世攻蠱，多用蘘荷根，往往驗。蘘荷或謂嘉草。」[24]而葛洪《肘後備急方》有一章專論治蠱毒。[25]干寶和葛洪的說法在後世一直流傳，因而北魏賈思勰《齊民要術》中說：「《葛洪方》曰：人得蠱，欲知姓名者，取蘘荷葉著病人臥席下，立呼蠱主名也。」[26]這與同時期梁朝宗懍（西元五〇一—五六五）《荊楚歲時記》的說法是類似的：「仲冬以鹽藏蘘荷，以備冬儲，又以防蠱……干寶《搜神記》云：其外夫蔣士先，得疾下血，言中蠱。家人密以蘘荷置其席下，忽大笑曰：蠱我者張小也，乃收小，小走。」[27]這兩段說法都指出，人們可以用特定的方術來辨別蠱主，再設法將蠱主逮捕，以除去蠱毒。至於為何蘘荷具有辨別蠱主的能力，尚不得而知。但無疑這種作為會給予蠱術一種神祕的氣氛。

但另一方面宗懍又說：「五月。芒種節後，陽氣始虧，陰慝將萌；暖氣始盛，蠱蠹並興。」這是以為蠱為一種飛蟲。而蠱蠹並興，則是氣候暖和之後的自然現象，這說法與前引《左傳》中醫和的「穀之飛亦為蠱」是一脈相傳的，和害人的巫術又似沒有直接關係。唐張鷟《朝野僉載》（卷六）中也記載：「江嶺之間有飛蠱，其來也有聲，不見形，如鳥鳴啾啾唧唧然。中人即為痢，便血，醫藥多不差，旬日間必不救。」[28]看來這種會飛的蠱毒不是人所故意放來害人的，也可以用醫藥來治癒。不過值得注意的是，在當時，人們處理鬼魅精怪的侵擾除了用儀式咒語之外，本即有用藥辟邪的習俗。總之，得蠱或中蠱的症狀是下痢便血，是人體內臟及腹腔的疾病。至於它到底是自然的現象，或者害人的巫術，得看它出現的情況是否有線索可循。由於本研究之重點其實在

---

24 干寶，《搜神記》，卷一二。

25 葛洪，《肘後備急方》，卷七，治中蠱讀方，第六三。

26 賈思勰，《齊民要術》，卷三。

27 宗懍，《荊楚歲時記》佚文，引自《宋政和證類大觀本草》，卷二八，〈白蘘荷〉。見https://ctext.org/wiki.pl?if=gb&chapter=295861。

28 張鷟，《朝野僉載》補輯，頁一五八。

討論作為一種宮廷鬥爭工具的巫蠱祝詛，因而以下的討論暫不著重蠱的本身和施行的細節，而要討論巫蠱祝詛事件的政治和社會意義。

第三章

漢代之巫蠱與宮廷政治

一、巫蠱之起

自漢武帝的時代開始，漢代宮闈政治有了一種新的鬥爭工具，就是所謂的巫蠱。據司馬遷記載張湯的故事：

> 武安侯為丞相，徵湯為史，時薦言之天子，補御史，使案事。治陳皇后蠱獄，深竟黨與。於是上以為能，稍遷至太中大夫。[1]

這事，據班固在《漢書》中的補充，是發生在元光五年（西元前一三〇），當時武帝二十六歲：

> 初，武帝得立為太子，長主有力，取主女為妃。及帝即位，立為皇后，

1 《史記》，頁三一三八。

擅寵驕貴，十餘年而無子，聞衛子夫得幸，幾死者數焉。上愈怒。后又挾婦人媚道，頗覺。元光五年，上遂窮治之，女子楚服等坐為皇后巫蠱祠祭祝詛，大逆無道，相連及誅者三百餘人。楚服梟首於市。使有司賜皇后策曰：「皇后失序，惑於巫祝，不可以承天命。其上璽綬，罷退居長門宮。」

這是首次以巫蠱的罪名治獄的例子，由於牽涉的是當今皇后，自然格外引人注目。事件的起因主要有二方面，一是陳皇后的擅寵驕貴，無子而妒嫉武帝新寵衛子夫，二是所謂的挾婦人媚道。武帝令酷吏張湯去查案，司馬遷說是「深竟黨與」，班固說是「窮治之」，總之意思是無論如何也要查出一些問題來。這當然也透露出司馬遷和班固兩人在此都表達了相同的意見，默認這是武帝的旨意，是不全然公正的。當然武帝是滿意他的作為的，才會「以為能，稍遷至太中大夫」。結果有名為楚服的女子，可能是女巫之流，被查出是替陳皇后行巫蠱之術，並且詛咒。詛咒的對象是誰，我們並不知道，但既然罪名是大逆不道，那就不外是衛子夫或者武帝本人，所以武帝下詔廢陳皇后，楚服以及連坐被殺的有三百人之多。死了如此多人，在當時應該是極為轟動的大事，可見武帝對有人圖謀不軌的舉動相當敏感。實際上，此事雖以巫蠱祠祭祝詛為名，但即使在此之前，祝詛本身即已經是件大逆不道的重罪，只不過這時加上了巫蠱這新的因素。

如前章所述，巫祠祝詛的習俗自先秦以來就在社會中廣泛的流行著，秦帝國甚至設有祕祝之官，「即有菑祥，輒祝祠移過於下。」[2]漢承秦制，直到文帝十三年才下令廢除這一奇特的官職。[3]然而祝詛的迷信顯然不會就此結束。在一個對超自然力量仍有相當信仰的時代，用祝詛來達到消除敵人的目的，是很容易為人所援用的方式。[4]尤其是祝詛的活動本身可以說並沒有善惡的分

2《史記》，頁一三七七。

3《史記》，頁四二七。

4 天漢二年秋天「止禁巫祠道中」的事正足以證明祝詛的習俗並不因為祕祝之官被廢除而有所

別，端看它被用來對付誰。被祝詛的人若是自己的敵人，就沒有什麼可議之處，[5]被詛咒的人若是不信巫術，也就不成問題。譬如文帝曾經下詔：

> 民或祝詛上，以相約結而後相謾，吏以為大逆，……此細民之愚，無知抵死，朕甚不取，自今以後，有犯此者勿聽治。[6]

這裡透露的消息是，當時社會中有人用祝詛的方法表達對皇帝的不滿，也許只是口頭的怨懟和謾罵。官員們當然非常緊張，認為這是大逆不道的犯上行為，應該處死。由於文帝本人在這件事上的開明態度，他認為是小老百姓的愚昧才會相信祝詛，下令不必對這種事認真。但文帝個人的開明不能對整體社會風氣發生作用。根據應劭《風俗通義》記載：

> 武帝時迷於鬼神，尤信越巫。董仲舒數以為言，武帝欲驗其道，令巫詛仲舒。仲舒朝服南面。誦詠經論，不能傷害，而巫忽死。[7]

武帝個人相信祝詛之術，是巫蠱之禍的根源。但這故事即使是真的，並不能令武帝改變個人的心意，因為那可以解釋為巫者的法術不夠強，不表示巫術本身有問題。

我們不清楚在陳皇后的案子中，所謂的巫蠱到底是什麼樣的活動。由記載中又可以見到，皇后被指控行所謂婦人媚道，其內容亦不清楚，但可推測是與巫蠱祝詛類似的活動。《史記》原文沒有提巫蠱一詞，但《漢書》中的記載則補稱巫蠱祝詛。顯然在當時的語境中，媚道與巫蠱祝詛乃屬於同一類的害人巫術。在先漢兩漢文獻中，最早提到媚道的是《史記・外戚世家》中景帝時代有關栗姬的一段事：「栗姬與諸貴夫人幸姬會，常使侍者祝唾其背，挾邪媚

消滅。

5《史記》頁四八三記載，太初元年：「丁夫人，雒陽虞初等以方祠詛匈奴大宛焉。」

6《史記》，頁四二一四。但這當然並不表示文帝能夠完全不受當時流行迷信思想的影響。

7應劭，《風俗通義》，頁三五〇。

道。」[8]這裡媚道與背後祝詛有密切關係，但仍然沒有說明媚道的內容。根據李建民對婦人媚道的研究，至少在後世它應該是一種與性有關的醫藥及法術，或者可以令男人專寵，或者令女人失寵。[9]在《史記．建元以來侯者年表》中，我們看到宣帝時一段對媚道的描述：「子回妻宜君，故成王孫，嫉妒，絞殺侍婢四十餘人，盜斷婦人初產子臂膝以為媚道。」[10]顯然此處所謂的媚道涉及殘害嬰兒的巫術。綜合以上的資料可知，所謂媚道，應該是指由婦人所行的某種牽涉到男女關係的巫術。在宮廷之中，女性之間相互妒嫉，並期以某種巫術傷害對手，顯是常常發生的事。在這陳皇后事件之後，漢武帝元狩元年（122 BCE），又發生了衡山王家巫蠱事件，史載：

> 王后乘舒死，立徐來為王后。厥姬俱幸。兩人相妒，厥姬乃惡王后徐來於太子曰：「徐來使婢蠱道殺太子母。」太子心怨徐來。[11]

衡山王后乘舒薨，立徐來為王后，厥姬妒之，乃私下譖於太子劉爽，謂其母乘舒之死為徐來行巫蠱所致，衡山王家變遂起，終導致國除。這次事件中，巫蠱其實只是衡山王兩子王位之爭的導火線，但與陳皇后之事一樣，牽涉到有人告發王后徐來的親信行巫蠱，所害者又是前王后，因而事件最後，「王后徐來亦坐蠱殺前王后乘舒，及太子爽坐王告不孝，皆棄市。」[12]如果細究史料，可知衡山王家中早已暗潮洶湧，出事是早晚的事。衡山王本身早已因為和其兄淮南王劉安一樣，有覬覦皇位之心，在武帝心中打下問號。武帝原已打算原諒衡山王，但衡山王王后乘舒的兩子一女，彼此亦是勾心鬥角。兩子為爭王位之事鬧到朝廷，牽扯出衡山王本身的謀反之意，在朝廷追究之下，衡山王只好自殺，

8《史記》，頁一九七六。

9 李建民，一九九六。媚道與古代西方社會中流行的性法術（erotic magic）基本具有相同的功能。

10《史記》，頁一〇六五。

11《史記》，頁三〇九五—三〇九六。

12《史記》，頁三〇九七。

全家覆滅，國除為郡。

總之，厥姬的計謀在此次鬥爭中勝出，她的敵方被完全擊敗。也就是說，告人以巫蠱之罪，是可以真正得逞的。當然，史料並沒有透露出徐來及其婢女是否真正曾行巫蠱。但那可能已經不是最重要的事。在當時的社會心態之下，人們對巫蠱之術的恐懼之甚，可能已經是寧可信其有。

巫蠱祝詛一旦成為一種有效的宮廷鬥爭的工具，在一個無法完全以理性判斷是非的社會中遂很容易一再被利用。於是在第二年，漢武帝元狩二年（西元前一二一），又發生了江都王劉建祝詛事件，司馬遷的說法是：

> 淮南、衡山謀反時，建頗聞其謀。自以為國近淮南，恐一日發，為所并，乃陰作兵器，而時佩其父所賜將軍印，載天子旗以出。易王死未葬，建有所說易王寵美人淖姬，夜使人迎與姦服舍中。及淮南事發，治黨與頗及江都王建。建恐，因使人多持金錢，事絕其獄。而又信巫祝，使人禱祠妄言。建又盡與其姊弟姦。事既聞，漢公卿請捕治建。天子不忍，使大臣

> 即訊王。王服所犯，遂自殺。國除，地入於漢，為廣陵郡。[13]

根據《漢書》的記載，劉建

> 專為淫虐，自知罪多，國中多欲告言者，建恐誅，心內不安，與其后成光共使越婢下神，祝詛上。與郎中令等語怨望：「漢廷使者即復來覆我，我決不獨死！」[14]

在這祝詛的事件中，又有王后成光與越婢牽涉到其中，在史料文字中雖沒有明白指出這是巫蠱事件，但事件發展的模式與前兩次極為相近，罪名都是在宮廷中王后的親信婢女行使巫術害人，同時又牽涉到內宮之中男女關係的淫亂。這

13 《史記》，頁二〇九六。

14 《漢書》，頁二四一六。

種以女性為行巫術者的模式繼續不斷發生，漢武帝太始元年（西元前九六），又有將軍公孫敖坐妻為巫蠱而全家族滅之事。[15]正如前幾次一樣，這些巫蠱之罪名，總是和當事人其他的人事和利益糾紛脫不了關係。

二、征和巫蠱之禍

到了武帝征和元年（西元前九二），巫蠱的事件再度在武帝身邊發生，也可說是陳皇后之事的遺緒。事件起因為丞相公孫賀之子公孫敬聲因擅用北軍錢千九百萬而下獄。公孫賀自請逐捕京師大俠朱安世以贖其子，後果捕得朱安世。豈知朱安世在京師的勢力極大，遂能從獄中上書，告公孫敬聲與陽石公主私通，及使人巫祭祠咒詛武帝，是為征和年間巫蠱之禍端始。次年，寵臣江充與太子交惡，遂構陷太子，謂其興巫蠱，欲害武帝。太子起兵殺江充，隨後太子兵敗自殺，牽連其母衛皇后一族。《漢書》對此事件的說法是這樣的：

> 會陽陵朱安世告丞相公孫賀子太僕敬聲為巫蠱事，連及陽石、諸邑公主，賀父子皆坐誅。語在賀傳。後上幸甘泉，疾病，充見上年老，恐晏駕後為太子所誅，因是為姦，奏言上疾祟在巫蠱。於是上以充為使者治巫蠱。充將胡巫掘地求偶人，捕蠱及夜祠，視鬼，染汙令有處，輒收捕驗治，燒鐵鉗灼，強服之。民轉相誣以巫蠱，吏輒劾以大逆亡道，坐而死者前後數萬人。[16]

征和三年，丞相劉屈氂與其妻欲共立昌邑王為太子，遂有祝詛武帝之事，族誅。整體而言，征和年間的三起巫蠱事件，起因為公孫敬聲，然而其下之所以形成軒然大波，牽連甚廣，主因應在於衛氏家族勢力龐大與皇位繼承之緊張。

15《史記》，頁二九四二—二九四三。

16 東漢．班固撰；唐．顏師古注，新校本《漢書》（《二十五史》），北京：中華書局，一九七五—一九八一），卷四五，〈列傳．蒯伍江息夫傳十五．江充〉，頁二一七八。

然而此一系列巫蠱事件並未因此而終止，終武帝之世，巫蠱始終餘波盪漾。[17]以下的討論，將從武帝時代整體的政治社會情勢，以及當朝各種勢力鬥爭的脈絡，來了解此一影響深遠的事件。

（1）背景

《漢書》卷六武帝紀征和元年（西元前九二）：

> 冬十一月，發三輔騎士大搜上林，閉長安城門，索，十一日乃解。巫蠱起。

臣瓚對《漢書》的這段記載作了下面的說明：

> 搜謂索姦人也。上林苑周圍數百里，故發三輔車騎入大搜索也。漢帝年

紀發三輔騎士大搜長安上林中，閉城門十五日，待詔北軍征官多餓死。[18]

這段說明雖然指出這次大搜的目標是「姦人」，但並沒有告訴我們這些姦人到底是什麼樣的人物。其實在八年之前（天漢元年，西元前一〇〇）的秋天，長安城已經有過一次「閉城門大搜」[19]的事件。臣瓚在此又引漢帝年紀說：「六月禁踰侈，七月閉城門大搜，則搜索踰侈者也。」[20]於是我們得到一點有關這次搜索的目標的消息。所謂踰侈者，應該是那些踰越法度而競爭奢侈的豪族貴

17 以下有關論述大體見蒲慕州，一九八七。
18《漢書》，六：二〇八。
19《漢書》，六：二〇八。
20《漢書》，六：二〇八。

戚。[21]第二年秋天（天漢二年）又記載：「秋，止禁巫祠道中者，大搜。」[22]《漢書》沒有提到大搜的地點，但根據上面二段有關大搜的材料來看，應該仍然是京師長安地方。那麼這一次大搜的目標又是什麼？臣瓚仍然說：「搜謂索姦人也。」[23]其實由《漢書》本文看來，這次大搜的對象也可能就是那些「巫祠道中者」。綜合這三次大搜的事件，我們可以看出，長安京師一帶的社會在這些年間處在一種不安定的情況之下。這種情況又至少有二類不同的肇因：一是在京師一帶的豪族貴戚的奢侈不法，一是巫祠的習俗。

先談豪族貴戚。這中間包括住在長安的諸侯外戚子弟，以及在長安三輔一帶的富家豪族。漢初列侯受封後往往不願就國而逗留長安，文帝二年（西元前一七八）詔：

……今列侯多居長安，邑遠，吏卒給輸費苦，而列侯亦無由教馴其民。其令列侯之國，為吏及詔所止者，遣太子。[24]

但是到了景帝後二年（西元前一四二）又因其實難行而罷其事：「後二年……省列侯遣之國。」[25]當時長安附近宗室「多暴犯法」。景帝召寧成為中尉來加以整治，「宗室豪傑皆人人惴恐」。[26]景帝的任用酷吏寧成顯示當時宗室的橫行京師是一樁嚴重的事。這種情況終景帝之世並沒有得到改善。

武帝初即位，竇嬰為相，再度下令列侯就國，而「列侯多尚公主，皆不欲就國」。[27]列侯不願就國的原因，除了貪圖京師地方生活的舒適和上層社會的

21 顏師古曰：「……踰侈者，踰法度而奢侈也。」同見注二一。

22《漢書》，六：二〇三。

23《漢書》，六：二〇三。

24《史記》頁四二二。

25《史記》頁四四八。「後二年……省列侯遣之國。」

26《史記》頁三一三四。

27《史記》，頁二八四三。

環境條件，也因為就國之後還要受州郡守尉的限制。[28]於是這批列侯和貴戚子弟繼續在長安城內成為一股不安定的因素，而為武帝所不喜見。這種情況在史料上的反映可以由下面一例看出。元朔初，武帝任酷吏義縱為長陵及長安令，「直法行治，不避貴戚，以捕案太后外孫脩成君子仲」，武帝很滿意，遷縱為河內都尉。[29]

天漢太始年間，由於貴戚近臣的奢侈不法，武帝又命他所賞識的江充為直指繡衣使者，「督三輔盜賊，禁察踰侈」。[30]這裡所說的「禁察踰侈」雖不是大搜，但是其任務基本上應和天漢元年的「七月閉城門大搜，則搜索踰侈者也」是相同的，也就是藉打擊貪腐來清除某些與朝廷有矛盾的分子。結果江充舉劾了許多貴戚近臣，「奏請沒入車馬，令身待北軍擊匈奴，奏可。」[31]這些驕慣已久的特權分子當然不願側身軍旅，於是紛紛向武帝求情，願意入錢贖罪，武帝允許。

除了諸侯王貴戚之外，從元朔二年以來徙遷關中的郡國豪傑是另一股不安定的力量。[32]他們雖在武帝的命令下被迫遷入關內，但和關東地方的聯繫顯然並沒有斷絕。天漢二年（西元前九九）冬十一月，也就是第二次大搜後的不久，武帝下詔給關都尉：

> 今豪傑多遠交，依東方群盜，其謹察出入者。[33]

所謂的東方群盜，當是指這年秋天在泰山、瑯琊等地所產生的亂事。當時群盜

28 錢穆，一九五七：二三九—二四〇。

29《史記》，頁三一四五。時約在元朔三年或稍前。義縱之友張次公在縱為河內都尉後不久亦以功封岸頭侯，據《漢書》，頁六四三，此為元朔三年之事。

30《漢書》，頁二一七七。江充於太始三年任水衡都尉，在此之前為直指使者，當天漢太始之交。見《漢書》，頁七八七。

31《漢書》，頁二一七七。

32《漢書》，頁一七〇、二八〇二。

33《漢書》，頁二〇四。

「阻山攻城」，以致交通為之斷絕。武帝遣直指繡衣使者暴勝之等分部逐捕，「刺史郡守以下皆伏誅」。[34]《漢書》沒有說明為何刺史郡守會牽連在這件案子中。這裡有兩個可能性：一是由於早先立下的沉命法，[35]使得地方官吏因為怕捕不到盜賊而受到處罰，乃不向朝廷報告。暴勝之等人到了地方之後，依沉命法處分了郡守以下的各級官吏。另外，這些地方官吏伏誅的真正原因可能不僅是由於他們包庇盜賊，而且是由於他們實際上和漢中央政府之間有矛盾。關內「遠交」的豪傑所依靠的不止是「東方群盜」，還可能是一些地方勢力，包括郡國豪強與遊俠之士，以及不聽指揮的貴戚和諸侯王。而所謂的「群盜」只是從漢朝政府的立場來看的一批人，他們和中央及地方官員有聯繫，應該不是一般下層農民或無賴，而是不服從中央的地主豪強。這就牽涉到漢初中央政府與地方勢力的關係，以及土地占有情況。[36]如天漢太始間河南、河內、河東三地的太守均為朝中大臣的親戚，驕縱不法，為丞相長史田仁所刺舉，下吏誅死。武帝對田仁的作為非常欣賞，認為他能不畏彊禦，因拜為丞相司直。[37]這些太守既為朝中權臣的親威，自然會有往來連絡，造成武帝不願見到的勢力網。[38]太始元年（西元前九六）武帝再度「徙郡國吏民豪傑于茂陵雲陵」，[39]以便就近控制，亦可為一佐證。不過這些遷入關中的豪傑似乎並不就此安分守己。天漢太始年間，武帝令江充為直指繡衣使者專門整頓三輔地區，除了前面說的舉劾了許多貴戚近臣之外，當地的郡國豪傑也應為他的對象。江充治三輔的時間較武帝天漢二年（西元前九九）之詔稍晚二年，正好顯示遷入關中的豪傑在過了一段時間之後又開始活動。關內和關東各處郡國豪強勢力的膨脹，也

34 同上。

35 《漢書》，頁三六六三。

36 討論見 Chen, 1984。

37 《史記》，頁二七八一。是時河南、河內太守為御史大夫杜周之二子，河東太守為前丞相石慶之子孫。杜周為御史時間在天漢三年至太始三年間（《漢書》，頁七八六）故此事應發生在此時間內。

38 漢中央與地方勢力的衝突從景帝末年的亂事已露端倪，到武帝時逐漸尖銳化。參考許倬雲，一九六四。

39 《漢書》，頁二〇五。

暗示這一年在長安城中「大搜」的原因除了可能是搜巫祠道中者，也有可能是清除一些豪傑之士。

（2）事件經過

由元狩到征和三十多年間，武帝經歷了一生重大的事件。一方面他在政治、軍事、經濟上有諸多的興革，同時喜歡任用那些執法嚴苛的人物來打擊豪強貴戚，另一方面，他仍然不斷的設法追求長生不老的仙藥以及成仙之法，一直到他晚年，這兩方面的作風並沒有基本上的改變。

征和元年（西元前九二）為武帝在位的第四十九年，六十六歲。身體已經開始衰弱，精神上也有不穩定的情況，時常恐懼臣下的謀害。[40]在這年冬天大搜前後，丞相公孫賀為了要救贖因濫用公帑而下獄的兒子公孫敬聲，自請追捕了人稱「京師大俠」的朱安世。豈料朱安世在長安城中甚有力量，反而由獄中上書，控告公孫敬聲和武帝女兒陽石公主私通，並且使巫者在甘泉馳道埋偶人，祭祠祝詛武帝。於是公孫賀父子皆下獄死，全家族滅。連坐的有衛皇后所生的陽石、諸邑兩公主以及衛皇后弟子衛伉等人。[41]《漢書》對此事件的說法是這樣的：

會陽陵朱安世告丞相公孫賀子太僕敬聲為巫蠱事，連及陽石、諸邑公主，賀父子皆坐誅。語在賀傳。後上幸甘泉，疾病，充見上年老，恐晏駕後為太子所誅，因是為姦，奏言上疾祟在巫蠱。於是上以充為使者治巫蠱。充將胡巫掘地求偶人，捕蠱及夜祠，視鬼，染汙令有處，輒收捕驗治，燒鐵鉗灼，強服之。民轉相誣以巫蠱，吏輒劾以大逆亡道，坐而死者前後數萬人。[42]

40《漢書》，頁二一七九、二一七四二。

41同上註，又《漢書》，頁二八七八。

42《漢書》，頁二一七八。

這事件的發生，除了因為武帝原本對公孫賀不滿，以及有與公孫賀利害相左的勢力在其中發生作用等因素之外，也反映出武帝對巫蠱祝詛之事一方面甚為相信，一方面也極為恐懼，由恐懼而生怨恨與猜疑，才會將他自己的女兒都處死。武帝這種迷信巫蠱的心理在當時的長安很可能不是件祕密，因為朱安世能夠在被捕之後很有信心的說：「丞相禍及宗矣，南山之竹不足受我辭，斜谷之木不足為我械。」並且果真上書控告公孫賀成功，反映出朱安世當時對武帝的心理以及武帝在得到這種消息之後會有如何的反應有十分的把握。武帝的疑心病在這次事件後自然並沒有減輕。

征和二年的夏天，武帝去甘泉避暑養病，寵臣江充見他身體日漸衰弱，又想到自己曾經和太子有過不愉快的過節，[43]於是就想順著武帝的迷信心理設計陷害太子以自保。他宣稱武帝的病是因為有巫蠱作祟，武帝就命他為使者去調查：

> 充將胡巫掘地求偶人，捕蠱及夜祠視鬼，染汙令有處，輒收捕驗治，燒

> 鐵鉗灼，強服之。民轉相誣以巫蠱，吏輒劾以大逆亡道，坐而死者前後數萬人。[44]

這段記載顯示江充是在無中生有地製造事端，並且使用酷刑逼人招認，而使得一班人相互指控有巫蠱的罪行，「有與亡，莫敢訟其冤。」[45]才會有數萬人因為一項無法證實的罪行而喪生。

然而這只是江充的初步行動。在他得知武帝對他的作為並無不滿之後，[46]

---

43 太子家使曾經乘車馬行馳道中，為江充所劾奏，雖然太子請求江充勿奏，江充不許。武帝對江充的行為相當欣賞。事見《漢書》，頁二一七八。

44《漢書》，頁二一七八。

45《漢書》，頁二一七九。

46 史載：「充既知上意。」（《漢書》，頁二七四二、二九七九）這裡所說的「上意」是指武帝對治巫蠱一事所持的追根究柢的態度？抑或武帝有其他的意思？就不容易推測了。但無疑武帝是贊成江充的作為的。

就進一步說宮中有蠱氣，因而進入後宮調查。武帝不但同意，而且還派遣按道侯韓說、御史章贛、黃門蘇文等人相助。[47]江充入宮後到處搜索，先治那些失寵的夫人，然後是皇后，最後在太子宮中掘蠱，得到桐木偶人。[48]

當時武帝在甘泉，太子和衛后在長安，消息不通，太子少傅石德認為江充既然掘出木偶人，雖然可能是巫者埋置在地以嫁罪，但又無法證明，而武帝病況不明，只有用強硬手段反過來先治江充，才能自保。石德之父即前丞相石慶，數度為武帝所譴。因此石德的建議很可能是根據乃父之經驗，希望能先發制人，免得「為師傅俱誅」。太子迫於形勢，只好宣布江充謀反，矯節收捕江充，斬之。和江充一同治巫蠱的按道侯韓說疑太子節有詐，不肯受節，被殺。御史章贛逃回甘泉，按替公孫賀為丞相的劉屈氂也因為太子發兵入丞相府而挺身逃亡。太子又矯節赦長安中都官囚徒，發武庫兵，令少傅石德及賓客張光等分將，且使長安囚如侯持節發長水及宣曲胡騎，但不成功。太子又召監北軍使者任安發北軍兵，任安受節而閉軍門不肯發兵。太子只好在長安市中臨時召集一些人馬。事情演變至此，已經發展成為一次叛亂。[49]

武帝得到消息後，趕回長安城西的建章宮，詔發三輔近縣軍兵，令丞相劉屈氂率領，與太子部眾發生衝突，在長安城中巷戰，「合戰五日，死者數萬人，血流入溝中。」[50]結果太子兵力不足，失敗逃亡，皇后自殺。二十幾天後太子在湖地被搜到，自殺。衛氏一門，除了後來的宣帝（此時還是嬰兒），全部被殺。與太子有往來的賓客門人以及隨太子發兵的人也都株連被害。

在這次事件兩年後，武帝發覺太子是無辜的，因為「巫蠱事多不信」。[51]而田千秋又替太子訟冤，於是田千秋被擢升為丞相，江充家被族滅，治巫蠱的幫手蘇文也被殺。武帝又建了「思子宮」和「歸來望思之台」，表示他的悔

47《漢書》，頁二七四二，蘇文與皇后、太子素有不睦，見《資治通鑑》，頁七二二七。
48《漢書》，頁二一七九、二七四二：顏師古引「三輔舊事云，充使胡巫作而薶之」。
49《漢書》，頁二七四七。
50《漢書》，頁二八八一。
51《漢書》，頁二七四七。

意。[52]

巫蠱事件到此似乎告一段落。但是我們細察漢書有關諸表，發現事實並非如此單純。

（3）遭禍人物分析

《漢書》卷六十三〈武五子傳〉：

太子兵敗，亡，不得。上甚怒，群下憂懼，不知所出。壺關三老茂上書曰：「……今皇太子為漢適嗣，承萬世之業，體祖宗之重，親則皇帝之宗子也；江充，布衣之人，閭閻之隸臣耳。陛下顯而用之，銜至尊之命以迫蹵皇太子，造飾姦詐，群邪錯謬，是以親戚之路鬲塞而不通，太子進則不得上見，退則困於亂臣，獨冤結而亡告，不忍忿忿之心，起而殺充，恐懼逋逃，子盜父兵以救難自免耳。臣竊以為無邪心。……唯陛下寬心慰意，

> 少察所親，毋患太子之非，亟罷甲兵，無令太子久亡。……」書奏，天子感寤。

三老茂的上書內容主要是說太子並沒有反意，只是被江充逼迫，不得已，才「子盜父兵以救難自免」。武帝在看到這封陳情書之後，是否真的有所「感寤」？《漢書》記載衛太子遇害時一段文字說：

> 太子之亡也，東至湖，……吏圍捕太子，太子自度不得脫，即入室距戶自經。山陽男子張富昌為卒，足蹋開戶，新安令史李壽趨抱解太子，主人公遂格鬥死，皇孫二人皆並遇害。上既傷太子，乃下詔曰：蓋行疑賞，所

---

52 據《漢書》，頁六九〇。田千秋於征和四年六月丁巳封富民侯，為丞相。據《漢書》，頁一七四七，武帝建思子宮和歸來望思之台在田千秋為丞相之後。

以申信也。其封李壽為刊侯，張富昌為題侯。[53]

李壽趨抱解太子的意思是要救太子？或者要活捉太子？依《漢書》上下文來看，李之抱解太子決非為善意的救太子，否則藏匿太子的「主人公」就不會有必要格鬥而死。所以武帝在有「感寤」之後並沒有下令停止圍捕太子，才會造成太子自殺，主人公格鬥死，及皇孫二人遇害的後果。即使是武帝感寤後來不及下令阻止圍捕太子，他仍然要等了兩年之久才決定族滅江充，建思子宮，可見他當時並沒有立即改變對太子的敵意而替太子昭雪。所謂的「上既傷太子」，可能是《漢書》作者將後來武帝追悔的心情投射到此處，並非當時實情。而所謂「行疑賞所以申信」之「疑」是武帝不能確定李壽抱解太子的動機，但假設李是執行武帝追捕太子的命令，所以要依其功勞封侯以「申信」。《漢書》卷十七功臣表說李壽「以新安令史得衛太子，侯」。可見正式紀錄上李的功勞是捕得衛太子，而非解救衛太子。[54]同時，實際上武帝在太子死後也並沒有停止治巫蠱之獄。征和三年中，武帝又將和衛太子有關係的三名匈奴、東粵降侯以及衛青的老部將公孫敖處死。[55]次年，又設「司隸校尉」一官，專門「捕巫蠱，督大姦猾」。[56]如此來說，所謂「巫蠱事多不信」，以及太子無辜被害，似乎並沒有打消武帝窮治巫蠱的念頭。征和四年，田千秋為丞相後，建議武帝稍停治巫蠱之獄，武帝卻回答說，巫蠱之事，「至今餘巫頗脫不止，陰賊侵身，遠近為蠱。」[57]這就說明了武帝雖然可能認為太子是無辜的，卻彷然相信其他臣下在繼續詛咒他，因此他不願停止治巫蠱。

我們還可以更進一步推測，武帝很可能是要藉著這個「祝詛上」的罪名來

53《漢書》，頁二七四七—二七四八。

54王先謙漢書補注認為張、李二人欲生得太子，而顏師古注認為是要解救太子。田余慶，一九八四注三、四，頁二〇後記有二段討論，他認為王先謙之說較合理，否則武帝在封張、李至二人為侯時所說「行疑賞所以申信」就不可解。

55詳見附表第8—11號。

56《漢書》，頁七三七。

57《漢書》，頁二二八四—二二八五。

達到他肅除異己的目的。司隸校尉的任務，恰足以顯示這種迷信和政治手段之間的密切關係。捕巫蠱，就是督大姦猾，大姦猾，似乎正是武帝要掃除的異己分子。而他們的罪名，則可以是因巫蠱而來的「祝詛上」。這種推測也並非沒有根據。檢查《漢書》各表，我們發覺由征和二年到武帝去世為止，有三十多名有政治地位的人因為牽涉到巫蠱之獄而被殺或自殺。對這些人物的背景作更進一步的分析，或許可以對巫蠱之禍的性質有更多的了解。

這些人物大致可以分為三類：一是與衛氏有關係的，一是與李廣利氏有關係的，一是其他的情況。現在全部列入下面附表中。

巫蠱事件牽涉人物一覽表

	死年	官爵	姓名	罪名	背景	資料來源
1	征和二年	葛繹侯丞相	公孫賀	子祝詛上	衛皇后妹夫，曾從衛青伐匈奴	《漢書》，頁六三七、二〇八、二八七八、七八八八

	死年	官爵	姓名	罪名	背景	資料來源
2	征和二年	諸邑公主		巫蠱	衛皇后女	《漢書》，頁二〇八、二八七八
3	征和二年	陽石公主		巫蠱	衛皇后女	
4	征和二年	御史大夫	暴勝之	從衛太子		《漢書》，頁二〇九、二八八一
5	征和二年	司直	田仁	從衛太子	曾任衛青舍人，與任安善	同上，《史記》，頁二七七九
6	征和二年	北軍使者	任安	坐受太子節懷二心	事衛青忠	《史記》，頁二七七九～二七八三《漢書》，頁二四四八；二八八一
7	征和二年	宜春侯	衛伉	坐巫蠱	衛后姪	《漢書》，頁二七四二又《漢書》，頁六八六云：天漢元年入宮完為城旦
8	征和三年	亞谷簡侯	盧賀	坐受太子節	匈奴東胡王降侯	《漢書》，頁六四一
9	征和三年	東城侯	居股	坐衛太子舉兵謀反	故東粵繇王降侯	《漢書》，頁六五八

	死年	官爵	姓名	罪名	背景	資料來源
10	征和三年	開陵侯	禒	坐舍衛太子所私幸女子，又祝詛上	父以故粵東建成侯與繇王斬餘善侯	《漢書》，頁六五七
11	征和三年（？）	將軍	公孫敖	坐妻為巫蠱，族	凡四為將軍，曾救衛青	《史記》，頁二九四三 《漢書》，頁二四九一、二四七二
12	征和年間	浞野侯	趙破奴	坐巫蠱，族	為驃騎將軍司馬	《史記》，頁二九四六 《漢書》，頁六四七、二四九三
13	征和三年	散侯	董賢	坐祝詛上，下獄病死	父為匈奴都尉降，侯	《漢書》，頁六五二
14	征和三年	埤山侯	其仁	坐祝詛	高祖功臣後	《漢書》，頁五七九
15	征和三年	澎侯 丞相	劉屈氂	坐祝詛，坐妻子為巫蠱	子妻李廣利女	《漢書》，頁二一〇、四八八〇、二八八三
16	征和四年	按道侯	韓興	坐祝詛上	父韓說不受太子節	《漢書》，頁二七四三、六二九
17	征和四年	承父侯	續相如	坐賊殺軍吏，謀入蠻夷，祝詛上	出使西域有軍功，侯	《漢書》，頁六六二

	死年	官爵	姓名	罪名	背景	資料來源
18	征和四年	鄗侯	劉舟	坐祝詛上	趙敬肅王子	《漢書》，頁四七八
19	征和四年	大鴻臚	戴仁	坐祝詛		《漢書》，頁七九〇
20	後元元年	邗侯	李壽	坐為衛尉居守，擅出長安界，送海西侯（李廣利）至高橋，又使吏謀殺方士，不道	以新安令史得衛太子，侯	《漢書》，頁六六四、二七四又《漢書》，頁七八九：以征和三年下獄
21	後元元年	戴敬侯	祕蒙	坐祝詛上，大逆	高祖功臣後	《漢書》，頁六〇六
22	後元元年	迺侯	陸則	坐祝詛上	父以匈奴王降，侯	《漢書》，頁六三九
23	後元元年	京兆尹	建	坐祝詛		《漢書》，頁七九〇

	死年	官爵	姓名	罪名	背景	資料來源
24	後元元年	秺侯	商丘成	(1)坐祝詛 (2)坐為詹事侍孝文廟，醉歌堂下曰「出居，安能鬱鬱」大不敬	以大鴻臚擊衛太子，力戰，亡它意，侯。曾隨李廣利出擊匈奴	(1)《漢書》，頁七八九 (2)《漢書》，頁六六三 (3)《漢書》，頁二一一
25	後元元年	重合侯	莽通	坐發兵與衛尉潰等謀反	以侍郎發兵擊反者如侯，侯，曾隨李廣利出擊匈奴	《漢書》，頁六六三
26	後元元年	德侯	景建	坐共莽通謀反	以長安大夫從莽通共殺如侯，得少傅石德，侯	《漢書》，頁六六三
27	後元二年	題侯	張富昌	為人所賊殺	以山陽卒與李壽共得衛太子，侯	《漢書》，頁六六四、二一九四七
28	後元二年	繆侯	酈終根	祝詛上		《漢書》，頁五四七
29	後元二年	容城攜侯	徐光	祝詛上	匈奴王降，侯（祖）	《漢書》，頁六四〇
30	後元二年	襄城侯	桀病已	祝詛上	匈奴相國降，侯（父）	《漢書》，頁六六四

	死年	官爵	姓名	罪名	背景	資料來源
31	後元二年	瞭侯	畢奉義	祝詛上	父以南越將軍降，侯	《漢書》，頁六五五
32	後元二年	外石侯	吳首	祝詛上	父以故東越衍侯佐繇王，功，侯	《漢書》，頁六五六
33	後元二年			祝詛上	父以故甌駱左將斬西于王，功，侯	《漢書》，頁六五七

首先分析與衛氏有關的人物，即表中一至十一號等人。在衛氏一系中，衛青可以說是地位最高的，但是他生前並沒有廣結黨羽，招徠賓客，因為他知道這種行為正是皇帝所憎惡的。[58]以他的關係而封侯的宗族五人，在他死後不久

58《史記》，頁二九四六：「城公曰：蘇建語余曰：吾嘗責大將軍至尊重，而天下之賢大夫毋稱焉，願將軍觀將所招選擇資者，勉之哉。大將軍謝曰：自魏甚、武安之厚賓客，天子常切齒，彼親附士大夫，招賢絀不肖者，人主之柄也。人臣奉法遵職而已，何與招士。」

先後被廢。[59]於是衛后的姊夫，丞相公孫賀，成了衛太子唯一較有力量的親戚。[60]但是他在巫蠱事件一開始就下獄死了，武帝在征和二年下詔數說公孫賀的罪行，「故丞相賀倚舊故乘高勢而為邪，興美田以利子弟賓客，不顧元元，無益邊穀，貨賂上流，朕忍之久矣。……又詐為詔書，以姦傳朱安世，獄已正於理。」[61]武帝在這裡所指責公孫賀的是他個人的奢侈踰法，以及政治上的無能。這些指責很可能有其真實性，尤其是配合公孫敬聲濫用北軍錢的案子來看，公孫賀父子及其賓客大概就是前文提到的「禁踰侈」的對象的一部分人物。由此看來，武帝之所以要窮治公孫賀一家，其原因顯然不只是因為他們的巫蠱祝詛，也是因為有上面這些政治因素。尤其可注意的是，巫蠱雖是公孫賀父子獲罪的直接原因，卻沒有出現在武帝詔中。所以巫蠱事件一開始就隱含著藉一個不相干的名義而進行政治整肅的意味。

在公孫賀死後，衛太子本身除了一些賓客門人之外，並沒有什麼可資造反的實力。因此在事發之時，只能依靠一些囚徒以及臨時糾集的長安市民來與丞相劉屈氂的正規軍作戰，敗亡是當然的。衛太子也曾矯發長水及宜曲胡騎，發北軍兵，都不成功。[62]然而由表中所列人物來看，盧賀（8號）、居股（9號）、祿（10號）三人即是匈奴和東粵的降侯。他們的罪名分別是「坐受衛太子節」，「坐衛太子舉兵謀反」，「坐舍衛太子所私幸女子，又祝詛上」，可見他們是當時在長安一帶親近衛太子的一些勢力，雖然實際上可能沒有幫上衛太子的忙，卻不能免除武帝的誅殺。

北軍使者任安是衛青的部屬，對衛青相當忠心。[63]此人並非愷悌君子，由

59《史記》，頁一九四六：「自衛氏興，大將軍青首封，其後枝屬為五侯。凡二十四歲而五侯盡奪，衛氏無為侯者。」

60《資治通鑑》，頁七二七有一段記載，不見於史漢：「衛青薨，臣下無復外家為據，競欲構太子。」胡三省曰：「言自衛青既薨之後，姦臣以太子無復外家以為憑依，競欲構成其罪。」可見衛太子本來沒有什麼政治勢力為其支持。

61《漢書》，頁二八七九。

62《漢書》，頁二八八一。

63《史記》，頁二八〇—二八一。

〈司馬遷報任安書〉中可以看出。[64]他在受太子節之後卻閉北軍門不出，武帝本不知其意，但因為一個曾為任安所處罰過的小吏上書謂任安與太子有勾結，武帝遂認為任安「見兵事起，欲坐觀成敗……有兩心。安有當死之罪甚眾，吾常活之，今懷詐，有不忠之心。」於是下安吏，誅死。[65]

公孫敖是衛青的部將與老友，但是在巫蠱事起的時候，早已失侯。他被牽涉到巫蠱事件之中的時間大約在征和三年左右。

衛后姪兒衛伉原為宜春侯，但是也早在太初五年就已經獲罪失侯，完為城旦，現在又被冠以巫蠱之罪，可見武帝有意要網羅衛氏所有的成員。

暴勝之和田仁的罪名是「縱衛太子」。田仁與任安均曾經為衛青舍人，為衛青所賞識。他曾因刺舉貴戚不法為武帝所拔昇（見前文），在事變時，據褚少孫《補史記》云：「司直（即田仁）以為太子骨肉之親，父子之閒不甚欲近。」[66]因而放太子出長安。他的縱衛太子多少和從前與衛青的關係有關。暴勝之原也是武帝所信任的執法深刻之士，曾經擔任直指繡衣使者，平定關東亂事，[67]擢升為御史大夫。他在劉屈氂欲將失縱太子的田仁處斬時，以一種執法不阿的態度反對：「司直，吏二千石，當先請，奈何擅斬之？」[68]劉屈氂理虧，只得釋放田仁。然而武帝知道後，不但不像讚揚那同樣執法嚴苛的江充一樣來讚揚暴勝之，反而大怒，說：「司直縱反者，丞相斬之，法也，大夫何以擅止之？」[69]暴勝之在武帝的盛怒之下，只有自殺。在君主至上的時代，法律若順從皇帝的意志，可以得到伸張，但若是和皇帝一時的心意有所衝突，仍然只有在皇帝的意志之前低頭，正如酷吏杜周所謂：「三尺安出哉？前主所是著

64 參見戴君仁，一九七五：六七—七二，〈司馬遷報任安書〉。
65 《史記》，頁二七八二—二七八三。
66 《史記》，頁二七八一。
67 《漢書》，頁二二〇四。
68 《漢書》，頁二八八一；《史記》，一〇四：二七八二，褚少孫所補之記載與此有異，今從《漢書》，另參見王叔岷，一九八三：二八九一。
69 同上。

為律，后主所是疏為令，當時為是，何古之法乎？」[70]這裡是一個明顯的例子。

衛氏及其黨羽的消滅（除了此時還是嬰兒的宣帝），[71]可說是巫蠱事件的第一步發展。此事的擴大延伸，則造成更多的殺戮。

現在再分析和李廣利氏有關的人物（表中15、16、20、24至27號）。劉屈氂和李廣利是兒女親家。在事件發生之後，率領軍隊打擊衛太子的正是劉屈氂。他的目的是否就在使衛太子敗亡，然後有機會立李廣利的外甥，李夫人的兒子昌邑王髆為太子？由於劉屈氂在事變後的最初反應是「挺身逃亡」，為武帝所責之後才率軍攻太子，因此我們還不能說他原來就有攻太子之意。不過在征和三年（西元前九〇），李廣利出征匈奴，劉屈氂送行，李曾告劉曰：「願君侯早請昌邑王為太子，如立為帝，君侯長何憂乎？」劉屈氂許諾，[72]則在事變中李、劉兩氏共同打擊衛太子亦非不可能。王夫之說：

> 劉屈氂之攻戾太子也，非果惑於周公管蔡之言而行辟也，……此其心欲

> 為昌邑王地耳，太子誅而王以次受天下，路人知之矣。[73]

王船山論劉屈氂之本心雖很可能是正確的，但仍只能是可能性，因謀立昌邑王之事是在征和三年才發生的。同時我們看不出江充的治巫蠱是否也和李氏的陰謀有關係。然而劉、李共謀立昌邑王的計畫顯然為武帝所知悉，而昌邑王卻非武帝心中的繼承人選。武帝共生六子，齊王閎於元封元年死後，無子，國除。衛太子死後，只剩下廣陵王胥、燕王旦、昌邑王髆，以及年紀最小的趙鉤弋子。此時武帝最喜愛的是太始三年（西元前九四）出生的鉤弋子。由於其母趙

70《史記》，頁三一五三。

71 詳見《漢書》，卷八，〈宣帝紀〉。Loewe, 1974有一章敘述巫蠱之禍，在頁四五—四六及五八等處，Loewe均指出衛氏與李氏相繼遭禍的事實。但他並沒有深一步追究這事實背後的因果關係。

72《漢書》，頁二八八三。Loewe, 1974: 45以為劉屈氂為李廣利之女婿，誤。

73 王夫之，《讀通鑑論》，卷三。

婕妤妊娠十四月始生，武帝以為有異象，就命其所生門為「堯母門」。史載：「鉤弋子年五六歲，壯大多知，上常言『類我』，又感其生與眾異，甚奇愛之，心欲立焉。」[74]征和三年（西元前九〇），鉤弋子正好五歲。漢書說：「是時治巫蠱獄急，內者令郭穰告丞相夫人以丞相數有譴，使巫祠社，祝詛主上，有惡言，及與貳師共禱祠，欲令昌邑王為帝。」[75]於是李廣利出征匈奴後，妻子被收捕，家族滅，同是劉屈氂一家，也牽連於其中。武帝之所以在李廣利出征後才收其妻子，一方面可能是因為在李出征之前武帝尚不知道其與劉屈氂共謀立太子之事，而在知悉其事之後，就立刻採取行動剷除李、劉和支持昌邑王的勢力。或者，武帝正是要等李廣利出征之後，才採取行動，以斷其後路。李廣利得知妻子被害，遂投降匈奴。

至於劉屈氂，他曾參與攻衛太子之役，不可能不知道巫蠱在武帝心中的惡劣印象，應該不至於有意讓他的妻子祝詛武帝。他們一家的獲罪，主要原因恐怕不是巫蠱，而是和李氏共謀立昌邑王之事，然而巫蠱正是一項方便的罪名。

其次，以新安令史得衛太子而封侯的李壽（20號），也在後元元年被殺，罪名之一是「擅出長安界，送海西侯（李廣利）至高橋」，看來他可能也是參與立昌邑王計畫的一分子。

此外，韓興（16號）（不受太子節而被殺的韓說之子）、商丘成（24號）、莽通（25號）、景建（26號）等在征和二年站在武帝一邊打擊衛太子的人，也都分別因為祝詛或謀反的罪名而遭禍。其中商丘成曾隨李廣利於征和三年征匈奴，可能因此被武帝視為李廣利一系的人物而被除掉。商丘成的罪名一是「坐祝詛」，一是在孝文廟堂下酒醉而歌，反映出他的獲罪也許並沒有確定的理由。莽通也曾經隨李廣利出征，但他的獲罪則是因為其兄莽何羅曾與江充相善，在江充家被族滅後，莽氏兄弟恐懼武帝也會對他們採取報復手段，因而計畫謀殺武帝，不成功而被誅。[76]

---

74 《漢書》，頁三九五六。

75 《漢書》，頁二八八三。

76 《漢書》，頁二九六〇—二九六一。

至於江充、蘇文於征和四年被武帝下令族滅，似乎只是武帝為了替衛太子昭雪，因為江充等人與李、劉立昌邑王的計謀似乎沒有直接關聯。

另外可注意的是，昌邑王髆於後元二年薨，[77]史籍不載原因，但是他為何恰好死於武帝立昭帝之前，[78]卻不能不令人生疑。

總之，在衛氏的勢力消滅之後，武帝仍然不停治巫蠱之獄，很可能是想藉既有的罪名來一併除去李氏的勢力。由表中所列各人遭禍的時間來看，和衛氏有關的人死年均在征和三年之前，而和李氏有關的人死年均在征和三年之後，很可以看出武帝治巫蠱之獄的兩個階段。

除了和衛、李雨家有關係的人物之外，表中有趙破奴（12號），董賢（13號），其仁（14號），續相如（17號），劉舟（18號），戴仁（19號），祕蒙（21號）、陸則（22號）、建（23號）、酈終根、徐光、桀病已、畢奉義、吳首、黃奉漢（28號至33號）等人，都是因為「祝詛上」而被殺或自殺。其中13號、22號、29號至33號等均為胡越降侯，而趙破奴曾在匈奴十年，[79]續相如曾出使西域，有軍功，載仁為大鴻臚，其職務為掌管歸附漢朝的外邦蠻夷，因此都和匈奴或胡越打過交道，這批人是否和衛太子所欲發動的長水和宜曲胡騎有關係？由於其中大部分人遭禍的時間均在征和四年之後，與盧賀（8號）、居股（9號）、祿（10號）三人遭禍時間相去較遠，我們無法肯定。然而他們的獲罪絕非偶然，是可以想像的。

由整個漢初至武帝時代的歷史發展來看，削減諸侯王的勢力，增加中央政府的統治權，是漢朝廷一貫的策略。武帝一朝，推行這個政策尤為積極，學者早已多有論述。[80] 武帝在位的五十四年中，因有罪而自殺，被殺及除爵的侯王

77《漢書》，四二〇：二七六四；又《漢書》，頁二一一，說昌邑王薨於後元元年。

78《漢書》，頁三九五六：「後衛太子敗，而燕王旦，廣陵王多過失，寵姬王夫人男齊懷王，李夫人男昌邑哀王皆蚤薨。」昌邑王其實死於後元二年，不能算「蚤薨」，不過可以確定是死於武帝立昭帝之前。

79《漢書》，頁二四九三。

80馬端臨，《文獻通考》，卷二六七，西漢功臣侯：「孝武之世，侯者雖眾，率是不旋踵而褫爵奪地。方其外事四夷，則上尊高帝非功不侯之制，於是以有功侯者七十五人，然終帝之世，失侯者已六十八人，其能保者七人而已。及其外削諸侯，則持賈誼各受其祖之分封之

總數在二百四十人以上，[81]尚不包括絕嗣除國的情況在內。規模最大的一次削藩行動是元鼎五年，諸侯王因酎獻金成色不合而奪爵的有一百零六人。[82]

再專就胡越朝鮮等歸附漢朝而封侯的來說，文帝時代兩名匈奴降侯之後，一在元朔四年失侯，[83]一在征和四年坐祝詛被殺。[84]景帝時代八名匈奴降侯到武帝征和二年時全部失侯。[85]武帝時代四十三名匈奴、朝鮮、東越、南越等各外族降侯，有二十三人在征和二年之前已失侯，又十人在武帝去世之前失侯，能夠維持到昭帝以後的只有十人而已。[86]所以在巫蠱事件中因為祝詛而獲罪的這批胡越降侯也可以被視為武帝削減外邦降侯力量的政策的一部分。至於其中詳情如何；因文獻不足，只有暫時置之不論了。

（4）小結

《漢書》卷六三〈武五子傳〉贊：

巫蠱之禍，豈不哀哉！此不唯一江充之辜，亦有天時，非人力所致焉。建元六年，蚩尤之旗見，其長竟天，後遂命將出征，略取河南，建置朔方。其春，戾太子生，自是之後，師行三十年，兵所誅屠夷滅死者不可勝數，及巫蠱事起，京師流血，僵尸數萬，太子子父皆敗。故太子生長於兵，與之終始，何獨一嬖臣哉！

說，於是以王子侯者一百七十五人，然終帝之世，失侯者已一百一十三人，其能保者六十一人。」有關漢代封建政策之演變有關論述極多，讀者可方便參考嚴耕望，一九六三：一〇一—一三〇。

81 統計數字據漢書各表。

82 《漢書》，頁一八七。

83 《漢書》，頁六三〇。襄城侯韓釋之。

84 《漢書》，頁六二八—六二九，按道侯韓興。但其國尚未絕。

85 《漢書》，頁六三九—六四一。

86 《漢書》，頁六四二—六六二。

《漢書》此贊以「天時」來解釋巫蠱之禍發生的原因，而其所舉與天時相應的人事則是武帝數十年的用兵，因而說「太子生長於兵，與之終始」。這天時的說法也暗示了其實巫蠱之禍是根源於當時整個國家的政治社會情況之中，而非江充一人所造成的。宋人洪邁則從武帝的性格來看這問題：

> 漢世巫蠱之禍雖起於江充，然事會之來，蓋有不可曉者，……木將腐，蠹實生之，物將壞，蟲實生之。……是時帝春秋已高，忍而好殺，李陵所謂法令無常，大臣無罪夷滅者數十家。……禍之所被，以妻則衛皇后，以子則戾園……，骨肉之酷如此，豈復顧他人哉！且兩公主實衛后所生，太子未敗數月前皆已下獄誅死，則其母與兄豈有全理？固不待于江充之譖也。[87]

洪邁的意思是武帝本身的年老和因之而來的「忍而好殺」的性格才是巫蠱之禍的主要原因。洪邁與《漢書》贊的立論雖然都可以成立，似乎還需要進一步的申論。同時，他們的論點也並不能概括整個事件的前因後果。

當我們想要設法透過一些殘闕不全的消息來了解巫蠱事件的性質時，有一個重要的關鍵是我們難以掌握，但又必須要試著去了解的，這就是武帝個人的心理因素。綜觀武帝一生的用人，可以很清楚的看出，武帝對他的臣子所採取的態度是寧願因嚴厲而誤殺、多殺，但不願輕易放過可能有問題的人物。他可以先用酷吏去打擊豪強，但不輕易放過這些酷吏可能犯的過失，如張湯、義縱、王溫舒、減宣（見《史記．酷吏傳》）。他所任用的丞相，李蔡、嚴青翟、趙周都是坐事處死，而後石慶數度見譴。因而當公孫賀被任命為丞相時，起初不受印綬，他的理由不是他對武帝說的「材誠不任宰相」，而是因為他知道當了丞相之後常無善終，他在受印綬之後對別人說：「主上賢明，臣不足以稱，恐負重責，從是殆矣。」[88]這「主上賢明」四字用在此處不但不見其溢美

87 洪邁，《容齋續筆》，卷二，巫蠱之禍。

88 《漢書》，頁二八七七－二八七八。

之意，倒有一種因了解其為人行事而產生的恐懼感。果然後來公孫賀遭巫蠱滅門之禍。對武帝來說，這些臣子只是他手下的工具而已，棄之不足惜。有這樣的一種作風，再加上他因為年老而多疑，對有人用巫蠱謀害他的事自然要大加整治。三十八年前（元光五年）陳皇后之事大約仍在武帝心中有深刻的印象，那次武帝也是用一名酷吏（張湯）來辦案的。問題是，這治巫蠱的主張是武帝有計畫的政治整肅？或者事先並無確定的目標？

征和巫蠱事件的爆發，也許是源於一個偶然的事件，是由於朱安世為了報復公孫賀所引起的。但是這件事之所以會一發而不可收拾，似乎是因為當時社會政治上的不安以及宮廷朝廷間個人恩怨的衝突與緊張已經到達了一個飽和點。本文一開始所討論巫蠱之禍前長安及關東一帶不安定的情況，可以說是風暴來臨的前兆。而事情一旦發生，以下事件的進行，也不全屬偶然。[89] 其所以會擴大綿延，不僅是因為武帝個人的多疑與迷信、豪傑貴戚之間的利害衝突，或江充與太子的矛盾，還有早就潛伏著的皇位繼承問題。武帝個人的性格與衛太子不和是原來就存在的事實，但是由於沒有什麼更好的選擇，武帝對太子據一直保持和緩的態度。[90]武帝在太子少時曾「詔受公羊春秋，又從瑕丘江公受穀梁，及冠就官，上為博望苑，使通賓客，從且所好。」[91]可見早期武帝對衛太子有意栽培。但是在衛皇后色衰失寵之後，[92]太子與武帝的關係可能就開始惡化，尤其是武帝有了新寵趙夫人，而且在鉤弋子出生之後命其母之門為「堯母門」。很顯然的，趙夫人為堯母，鉤弋子就應該是堯，是天子了。鉤弋子出生於太始三年（西元前九四），是年江充因劾奏衛太子家使行甘泉馳道受武帝

89 關於歷史上的偶然與必然，見管東貴，一九八四。

90 通鑑有一段記載，武帝曾對衛青說：「太子敦重好靜，必能安天下，不使朕憂。欲求守文之主，安有賢於太子者乎。聞皇后與太子有不安之意，豈有之邪，可以意曉之。」衛青死於元照五年，其時太子不過十七歲，那至少在此時他已經感覺到自己和武帝性格的不相合，才會有「不安之意」了。見《資治通鑑》，頁七二六。

91 《漢書》，頁二七四一。

92 《漢書》，頁三九五〇。

嘉許，遷為水衡都尉。[93]武帝之不顧惜衛太子，可能因鉤弋子的出生而嚴重化。雖然我們並不知道江充遷水衡都尉是在鉤弋子出生之前或之後，但武帝對太子態度之改變應該較此為早，因太子在江充要治其家使時曾經要求江充寬恕，不願讓武帝知道此事，「以為教敕亡素者」。[94]所以太子和武帝之間此時並沒有一種相互的信任與了解。

根據《漢書》記載，江充在擴大治巫蠱之時，是「既知上意」[95]才入宮掘蠱。這「上意」到底為何？是暗示要江充不顧一切嚴辦到底，即使是太子皇后亦不能放過？或者只是疑心重重？根據《漢書》，武帝後來「知充有詐，夷充三族」，[96]若接受字面的意義，則事件剛發生時武帝似乎並無特定的意圖要迫害太子。但是反過來說，由武帝贊許江充處罰太子家人的事件看來，武帝心中也並非十分滿意太子，所以我們也不應該排除他和太子之間的不和，加上誅殺陽石、諸邑公主和公孫賀父子，以及對鉤弋子的鍾愛，有暗示江充放手辦案的意思。尤其是如果我們考慮到，公孫賀父子的遭禍因素不只是巫蠱，還包括他們平素的作為，更顯示出巫蠱祝詛已經不是一個單純的迷信案件了。而武帝在丞相劉屈氂逃出長安之後對劉說：「丞相無周公之風矣，周公不誅管蔡乎？」[97]則簡直把衛太子比作管蔡，可見此時武帝要除掉太子的堅決心態。於是巫蠱就從迷信事件發展成為政治事件了。

事實上，巫蠱事件也在某種程度之內反映出武帝時代政治路線的問題。衛太子代表的是保守，以文治為主的一種政治傾向，這可以由他的教育背景[98]及他性格的仁慈寬厚上看出。追隨他的多半為文學儒士，正好和武帝所好任用的執法嚴苛的官吏如張湯、江充等成為對比。武帝的不滿於衛太子，主要原因當

93《漢書》，頁七八七、二一七八。
94《漢書》，頁二一七八。
95《漢書》，頁二七四二。
96《漢書》，頁二一七九。
97《漢書》，頁二八八〇。
98《漢書》，頁二七四一、三六一七。又《古文尚書》因巫蠱不立於學官（《漢書》，頁三六〇七），是否和衛太子的喜好有關，則不得而知。

是衛太子的作風和自己太不相像，從武帝認為鉤弋子「類我」，而且「心欲立焉」來看，這一推論應該是可以成立的。《通鑑》中有一段記載可以作為輔證：

> 初，上年二十九乃生戾太子，甚愛之，及長，性仁恕溫謹，寬厚，多所平反，雖得百姓心，而用法大臣皆不悅，……羣臣寬厚長者皆附太子，而深酷用法者毀之。[99]

由此可知江充與太子之間的衝突也不僅是一孤立的事件。在《鹽鐵論》中，江充被劃歸為和楊可、張湯、杜周等以興利用法出名的大臣同一輩的人物，[100]可見江充與太子間的矛盾很可能象徵遵行兩種不同政治路線的勢力之間的衝突。[101]

當然，這樣的推論也許還不能適應在江充劾奏太子家使行馳道一事上，此事的發生只能說是江充個人的執法嚴厲，和太子所代表的政治傾向可能不發生直接關係。但在江充治巫蠱時情況就有所不同。江充之敢於放手迫害太子，其所憑藉的不只是武帝個人的信任或迷信心理，還因為太子在公孫賀及兩公主遭巫蠱之後已經陷入孤立無援的情況下，為自衛青死後處境最惡劣的時節。《漢書》認為江充的目的是為了擔心武帝死後不容於太子。這一論點固然可以用來說明江充的治巫蠱出發點只是要除去太子以免受到報復，但從另一角度來看，我們也可以說，江充所擔心的不只是他個人與太子之間的恩怨，而是太子所代表的政治傾向在他繼承皇位之後必定不容江充自己這樣的人物。

不過武帝個人的政治作風與性格雖然可能與衛太子不相合，卻也一直相安無事。那麼巫蠱之禍時武帝對太子態度之強硬，是否因為武帝此時又改變了主

99 《資治通鑑》，頁七二六。

100 桓寬，《鹽鐵論》，卷五，國疾第十八。

101 參見田余慶，一九八四：九。不過田文過分強調政治路線的鬥爭而忽略其他的因素。Loewe, 1974: 71ff也把巫蠱之禍放入當時儒法抗爭的大脈絡中來了解。另參見Cai, 2014。

意？我們只能推測，可能是因為鉤弋子的出生給予武帝另一個企望，雖然他還不能直接撤換太子。當然我們也不能排斥其中有武帝因為迷信巫蠱和猜疑而產生的極端憤恨而不能自已的心理。

然而征和四年（西元前八九），武帝終於表示了對衛太子之死的追悔之意，才有族滅江充、殺蘇文，以及建思子宮的舉動。同年的輪台詔也是在同樣的心情之下所頒布的。輪台詔的內容主要是罷桑弘羊等人所提倡的屯田於輪台的政策，也就是說，武帝終於決定停止「弊中國以事四夷」的外揚的政治路線，而代以收斂自強的政策。詔中說道：「當今之務在禁苛暴，止擅賦，力本農，修馬復令以補缺，毋乏武備而已。」又封丞相田千秋為富民侯，「以明休息，思富養民也。」[102]所以武帝在位的最後幾年，歷經巫蠱的大變，又有意要走上原來衛太子所代表的路線。然而值得注意的是，由武帝所選定輔佐昭帝的霍光和桑弘羊二人來看，他雖然在輪台詔中表示了自己的態度，究竟沒有下定決心。因為霍光代表的是保守，與民休息的方向，與衛太子相同；而桑弘羊代表進取，與民興利的方向。這兩種不同路線的衝突，要到昭帝時代才得到解決。

不過，在政治方向上的選擇武帝雖然有了悔意，要改弦易轍，但是在處理巫蠱案件上，他仍然要繼續下去，其原因可能是他要用這種藉口來除掉那些可能不贊成他的新繼承人的力量，也就是擁護昌邑王髆的李氏的勢力。

由衛氏之滅到李氏之滅，是巫蠱事件的第二階段。我們可以很清楚的看出，這時候的巫蠱祝詛罪已經由衛氏頭上移轉到當初打擊衛氏的李氏和其黨羽的頭上，這應該不是單純的為了要替衛太子伸寃，而是因為武帝發覺李系人物有立昌邑王的計謀，於是就繼續利用巫蠱祝詛的罪名來掃除李系人物。征和三年殺劉屈氂一家，征和四年置司隸校尉，可以說是這種手段的具體表現。因此我們可以說巫蠱事件的發生或許是偶然事件，它的進行卻是一種順水推舟式的政治整肅運動。等李氏的勢力消滅，昌邑王髆也在後元二年去世，武帝終於選定了鉤弋子弗陵為他的繼承人。

102《漢書》，頁三九一四。討論亦可參考田余慶，一九八四：四—五。

衛太子死後九年，昭帝始元五年（西元前八二），《漢書》記載：

有一男子乘黃犢車，建黃旐，衣黃襜褕，著黃冒，詣北闕，自稱衛太子。公車以聞，詔使公卿將軍中二千石雜識視，長安中吏民聚觀者數萬人。右將軍勒兵闕下，以備非常。丞相御史中二千石至者並莫敢發言：京兆尹不疑後到，叱從吏收縛。或曰：「是非未可知？且安之。」不疑曰：「諸君何患於衛太子！昔蒯聵違命出奔，輒距而不納，春秋是之。衛太子得罪先帝，亡不即死，今來自詣，此罪人也。」遂送詔獄。[103]

由當時長安官民猶豫不決的表現看來，衛太子之死似乎沒有完全為人所接受，而一般人不熟悉衛太子容貌還有可說，但是連丞相御史和中二千石等政府高級官員也「莫敢發言」，以為「是非未可知」，反映出當時人對巫蠱之禍餘悸猶存，不敢再主動牽涉到任何與衛氏有關的事中。[104]雋不疑雖收捕此人，他也沒有直接否認此人為衛太子。後來查出此人名成方遂，居湖地，因與太子容貌相似，遂發奇想，欲偽裝太子以求富貴。[105]由此我們可以推想，此事之所以會發生，很可能是連續四、五年慘烈的巫蠱之禍的實際情況對當時人來說也是籠罩在一片神祕的氣氛之中，連衛太子的死亡是否事實都為人所懷疑。

巫蠱之禍，是由武帝個人的猜疑與迷信、臣子之間的恩怨，以及皇位繼承問題（其中包括武帝與太子的不和，武帝立鉤弋子的意圖和李氏立昌邑王的計畫）所相互激盪而產生的。其中有偶然因素，也包含了當時政治社會所現有或潛存著的問題，一經引動，便爆發開來。它的起源是巫蠱的迷信，它的終結卻是政治的整肅。我們設法從一連串的事件中找出一些可以理解的線索，雖然不可能完全明白巫蠱之禍的前因後果，至少，在一方面，可以把它當作由武帝到昭帝政治情勢發展的關鍵時刻的一個特寫；另一方面，也可以作為歷史上政治

103《漢書》，頁二二二、二七五六、三〇三七。
104 Loewe, 1974: 71，以為當時的官員有人或者準備接受此人的說辭，或者不願公開反對衛氏。
105《漢書》，頁三〇三八。

整肅運動的一個例子，顯示出一個政治迫害運動的產生是常兼有偶然與非偶然的因素，而被迫害者所獲罪的罪名與其所以獲罪的真正原因並不一定會有任何直接的關係。

最後，在這次事件中，有一些現象值得注意。首先是巫蠱之事，仍然牽涉到女性，如陽石和諸邑公主；其次是有關江充的行動的描述，表現出當時人對所謂巫蠱的了解：行巫蠱者會在地下埋偶人，顯然這偶人是行蠱術害人的關鍵。而破除巫蠱的辦法，則是用胡巫來掘地求偶人，並且捕捉那些在夜間祠祀視鬼的人。但記載中特別提出，這些胡巫可能用了一些誣陷的手段：「染汙令有處，輒收捕驗治，燒鐵鉗灼，強服之。」所謂染汙令有處，應該是故意製造一些可疑的證據以入人於罪。同時，搜捕巫蠱的行動在社會中雷厲風行，使用酷刑來強迫人承認行巫蠱，使得一般百姓之間產生了心理上的恐慌，而發生了大量捕風捉影，相互告發之事，而主事的官員則是寧可錯殺而不敢放縱，扣人以大逆不道的帽子，使得許多人遭到不幸。但值得注意的是，在相關敘述中，蠱指的是偶人，而非一種毒物。所謂巫蠱，至少在這個案子中，指的是用偶人代表被害者，行詛咒以害人。而用胡巫來找蠱物，似乎指向蠱的來源是中原以外的地區。不論如何，班固《漢書》的說法所表達的意思是很清楚的，他認為巫蠱之事是沒有根據的誣害。有關這次事件的相關記載，已經可以讓我們確定，巫蠱在此時已經成為一個極有效的陷人於罪的罪名。儘管武帝後來發覺衛太子是無辜的，也並沒有根本改變他和臣下對巫蠱祝詛的態度，即寧可信其有，再視事件發展和牽涉人物來決定如何處置。巫蠱事件在他之後遂繼續困擾著漢代的宮廷政治。

三、巫蠱之繼續發展

昭帝後元二年（西元前八七）秋季，《漢書》卷七〈昭帝紀〉：

> 後元二年……秋七月，有星孛于東方。濟北王寬有罪，自殺。賜長公主及宗室昆弟各有差。追尊趙婕妤為皇太后，起雲陵。冬，匈奴入朔方，殺

略吏民。發軍屯西河，左將軍桀行北邊。

濟北王劉寬有什麼罪？根據《漢書》：

> 濟北貞王勃者，景帝四年徙。徙二年，因前王衡山，凡十四年薨。子式王胡嗣，五十三年薨。子寬嗣。十二年，寬坐與父式王后光、姬孝兒姦，誖人倫，又祠祭祝詛上，有司請誅。上遣大鴻臚利召王，王以刃自剄死。國除為北安縣，屬泰山郡。[106]

《資治通鑑》的說法是：「濟北王寬坐禽獸行自殺。」[107]所以基本上是與〈昭帝紀〉相同，但沒有指出是與祝詛有關。根據武帝時代巫蠱之禍遭害人的罪名，可知巫蠱祝詛常常連用，但也常只用祝詛，指的是同一件事。所以我們可以把這次事件歸為巫蠱事件。值得注意的是，在這些事件中，巫蠱祝詛固然是主要的罪名，但不少時候，當事人也被控告有性行為不檢的情況，像是亂倫，也就是所謂的禽獸行，如劉建、劉寬等人所犯的罪行。史家在敘述這些事件時，有的時候用「坐」字，表示其實史家對被控者是否真有罪，是持有疑問的。

由昭帝後元二年（西元前八七）到王莽天鳳五年（西元一八）一百零五年間，至少發生了七次重大的巫蠱祝詛事件，牽涉到的人物主要都是諸侯王及太子皇后之屬的宮廷人員。在這些事件中，可以發現，雖然人們普遍相信巫蠱的有效性，巫蠱祝詛也常被認為真有其事，但其實人們已經開始對巫蠱祝詛之事真正的效用有了一種功能性的認識，亦即，人們在有需要的時候，可以用巫蠱祝詛的罪名來誣陷異己，但是當事情平復之後，也可以承認有時巫蠱的罪名是誣構的，應該加以平反。例如哀帝建平元年（西元前六）所發生的中山王太后祝詛事件，就是一個清楚的例子：

106《漢書》，頁二二五七。

107《資治通鑑》，卷二三，漢紀一五。

哀帝即位，遣中郎謁者張由將毉治中山小王。由素有狂易病，病發怒去，西歸長安。尚書簿責擅去狀，由恐，因誣言中山太后祝詛上及太后。太后即傅昭儀也，素常怨馮太后，因是遣御史丁玄案驗，盡收御者官吏及馮氏昆弟在國者百餘人，分繫雒陽、魏郡、鉅鹿。數十日無所得，更使中謁者令史立與丞相長史大鴻臚丞雜治。立受傅太后指，幾得封侯，治馮太后女弟習及寡弟婦君之，死者數十人。巫劉吾服祝詛。毉徐遂成言習、君之曰：「武帝時毉修氏刺治武帝得二千萬耳，今愈上，不得封侯，不如殺上，令中山王代，可得封。」立等劾奏祝詛謀反，大逆。責問馮太后，無服辭。立曰：「熊之上殿何其勇，今何怯哉！」太后還謂左右：「此乃中語，前世事，吏何用知之？是欲陷我效也！」乃飲藥自殺……哀帝崩，大司徒孔光奏「由前誣告骨肉，立陷人入大辟，為國家結怨於天下，以取秩遷，獲爵邑，幸蒙赦令，請免為庶人，徙合浦」云。108

這一事件顯示出，宮廷后妃之間的爭寵鬥氣可以延續幾十年，且不惜謀命以逞。在此事件中，被誣陷為施詛咒者是中山王太后馮媛、馮媛妹妹馮習，以及弟媳君之。而誣陷別人的，是傅太后（漢哀帝祖母），罪名則是用巫者來詛咒漢哀帝。

馮媛馮昭儀，後來為中山王太后，是元帝妃子、平帝祖母，生男後為婕妤。當時其父馮奉世與長兄馮野王均在朝為官，論者以為馮氏父子為官是依憑自身能力而非馮媛受寵。馮婕妤和傅昭儀都是元帝寵妃，但傅太后素來不喜馮太后。寵妃相忌，這也不是什麼不能想像的情況。

建昭年間（西元前三八—三四），有一次元帝觀覽鬥獸，意外遇到有熊破欄而出，傅昭儀等妃子都嚇跑了，只有馮媛在元帝面前意圖擋住熊。由此元帝很欽佩馮媛的勇敢。

元帝去世後，馮媛子中山王早薨，其孫不滿周歲，繼承王位，患有眼疾，馮太后親自扶養他。哀帝即位後，在建平元年（西元前六）派遣張由醫治年幼

108《漢書》，頁四〇〇五—四〇〇七。

的中山王。張由一向有精神分裂症（「狂易病」），病發回到長安，被責問後，誣告馮太后祝詛哀帝和傅太后。傅太后一向與馮太后有隙，就讓御史丁玄辦案，捉拿一百餘人，但是案子辦了幾十天都查不出什麼。傅太后又讓中謁者令史立等人一起審訊，史立希望加官進爵，將馮太后的妹妹馮習以及弟媳君之治罪，連帶死了幾十人。在傅太后親信的安排之下，巫者劉吾承認行祝詛，而醫者徐遂成也偽供說，馮習、君之曾經勸他說：你就算治好了皇帝也不能封侯，不如害死皇帝，中山王就可以繼承帝位，讓你封侯。史立就上奏馮家祝詛謀反，但是馮太后不承認。史立提起馮太后三十年前在元帝面前表現的不懼熊的舊事，馮太后就知道是傅太后要陷害她，回去之後即服毒藥自盡。

根據漢書記載，哀帝死後，平帝即位，大司徒孔光上奏，請求把誣告馮家的張由和史立廢為庶人。平帝，即馮太后之孫，為馮太后平反，亦為理所當然。

漢哀帝一即位就發生了馮太后事件，其為冤案，在當時就應該不是祕密。但哀帝無作為，又為外戚及男寵董賢所蒙蔽，二年之後又有類似的以祝詛之名發動的案子。《漢書》卷八〇記載：

> 〔東平思王宇〕子煬王雲嗣。哀帝時，無鹽危山土自起覆草，如馳道狀，又瓠山石轉立。雲及后謁自之石所祭，治石象瓠山立石，束倍草，并祠之。建平三年，息夫躬、孫寵等共因幸臣董賢告之。是時，哀帝被疾，多所惡，事下有司，逮王、后謁下獄驗治，言使巫傅恭、婢合歡等祠祭詛祝上，為雲求為天子。雲又與知災異者高尚等指星宿，言上疾必不愈，雲當得天下。石立，宣帝起之表也。有司請誅王，有詔廢徙房陵。雲自殺，謁棄市。立十七年，國除。[109]

東平王劉雲為漢宣帝孫，而哀帝劉欣為漢宣帝曾孫，因而劉雲為漢哀帝從叔父。欲求繼嗣，遂祝詛哀帝。此事為息夫躬和董賢等人獲悉，欲以此為封侯

109《漢書》，頁三三二五。

之道，共謀而舉之。由於漢哀帝寵幸董賢，遂以此封董賢為侯。可注意的是，根據《漢書》的說法，東平王的祝詛，是經由巫者和婢女的祝詛而進行，正是宮廷中此類事件的通例。

如果巫術祝詛是社會中廣泛流行的信仰習俗，宮廷中的巫蠱事件應該只是社會整體心態的反映，但宮廷本是一特殊的環境，因為牽涉巫蠱的人通常是皇親貴戚，又常常直接牽涉到皇帝本人，些微的不敬即可以造成殺身大禍，何況是祝詛皇帝。即使是祝詛不成（通常當然是不成），只要心存祝詛之意，已經是殺身之罪。因而我們在史書中看到和宮廷有關的巫蠱事件一般都相當慘烈。有時候即使是皇帝的子女亦不能倖免，武帝時衛太子遭巫蠱之罪就是一例。西漢的覆亡，固然是由於成帝以下諸帝年幼無能，以致大權旁落，外戚專政，而宮廷之內后妃相互傾軋，寵臣居中支使，也是朝政不張的重要原因。巫蠱祝詛之事在其中又增加了一些不定時引爆的炸彈。王莽雖篡漢，社會整體心態並無改變。王莽天鳳五年（西元一八）王妨巫蠱事件，則牽涉到王莽之孫女王妨，將軍王興夫人，因祝詛其姑，又殺害參與祝詛之事的婢女以滅口，事發後與其丈夫皆因此事自殺。細究相關記載，可知王妨之兄王宗前已因為僭越的行為被劾驗而自殺，則王妨之被控以祝詛，也可能是事出有因，但是非莫辨。[110]

東漢時代，宮廷中巫蠱祝詛之事雖較西漢為少，仍時有所聞，同時，巫蠱事件之模式與西漢並無大別，明帝時代有兩次諸侯王意圖以祝詛取得皇位之事，其中廣陵王荊被控以祝詛皇帝，實際上並無舉事謀反之意。[111]而淮陽王延則據說有一些舉動：

> 延性驕奢而遇下嚴烈。永平中，有上書告延與姬兄謝弇及姊館陶主婿駙馬都尉韓光招姦猾，作圖讖，祠祭祝詛。事下案驗，光、弇被殺，辭所連及，死徙者甚眾。有司奏請誅延。顯宗以延罪薄於楚王英，故特加恩，徙

---

110 《漢書》，頁四一五二－四一五三。

111 《後漢書》，頁一四四八。

為阜陵王，食二縣。[112]

淮陽王劉延，與姬妾之兄謝弇、姊夫漢光，一同招納奸滑之人，作圖讖，詛咒明帝。這作圖讖詛咒當是謀反的行為，也反映出明帝時代皇權尚有待進一步鞏固。事發之後，謝弇、韓光處死，有官員也建議處死劉延，明帝認為其罪比永平十三年（西元七〇）楚王英謀反之罪為輕，特別開恩，將其徙為阜陵王。此案牽連許多人，或死或貶。此後，劉延仍然屢屢心懷怨念，章帝建初年間，又有人舉報劉延謀反。章帝仍然顧念親情，未下殺手，僅褫奪王號，將其貶為阜陵侯。由此看來，明帝和章帝對此類事件採取了稍微比較溫和的態度。

此外，在章帝、和帝、靈帝時各有一次后妃爭寵而以巫術彼此祝詛，或者誣構對方以巫蠱之罪的事件。章帝建初七年（西元八二）發生竇皇后誣陷宋貴人作巫蠱之事，起因漢章帝竇皇后無子，然而宋貴人生子劉慶，得章帝立為太子，梁貴人亦有子。皇后因此心生妒恨，常常在章帝處詆毀宋貴人，以致皇帝漸漸與宋貴人有嫌隙。皇后又誣告宋貴人使用媚道，以致宋貴人自殺：

> 初，宋貴人生皇太子慶，梁貴人生和帝。后既無子，並疾忌之，數閒於帝，漸致疎嫌。因誣宋貴人挾邪媚道，遂自殺，廢慶為清河王，語在慶傳。[113]

根據《後漢書》記載，竇皇后其實是支使宦官蔡倫去誣告宋貴人的。事過境遷，宋貴人的孫子當上皇帝（安帝），安帝讓蔡倫去找廷尉自首，蔡倫恥於受辱，自殺而死：

> 倫初受竇后諷旨，誣陷安帝祖母宋貴人。及太后崩，安帝始親萬機，敕使自致廷尉。倫恥受辱，乃沐浴整衣冠，飲藥而死。國除。[114]

112《後漢書》，頁一四四四。

113《後漢書》，頁四一五。

114《後漢書》，頁二五一三—二五一四。

所以在當時人們都知道宋貴人的自殺是寃死，只不過竇皇后本人並沒有受到處罰。

相似的劇情一再重演。和帝永元十四年（西元一〇二），陰皇后以愛弛之故祝詛鄧皇后，牽連廣達陰氏、鄧氏等家族，也是當時一件大事，涉及宮廷內戚之間的權力鬥爭。《後漢書》記載：

> 和帝陰皇后諱某，光烈皇后兄執金吾識之曾孫也。后少聰慧，善書蓺。永元四年，選入掖庭，以先后近屬，故得為貴人。有殊寵。八年，遂立為皇后。自和熹鄧后入宮，愛寵稍衰，數有恚恨。后外祖母鄧朱出入宮掖。十四年夏，有言后與朱共挾巫蠱，事發覺，帝遂使中常侍張慎與尚書陳褒於掖庭獄雜考案之。朱及二子奉、毅與后弟軼、輔、敞辭語相連及，以為祠祭祝詛，大逆無道。奉、毅、輔考死獄中。帝使司徒魯恭持節賜后策，上璽綬，遷於桐宮，以憂死。立七年，葬臨平亭部。父特進綱自殺。軼、敞及朱家屬徙日南比景縣，宗親外內昆弟皆免官還田里。永初四年，鄧太

后詔赦陰氏諸徙者悉歸故郡，還其資財五百餘萬。[115]

在這一事件中，被控施巫蠱詛咒者是漢和帝陰皇后和陰皇后外祖母鄧朱。而被詛咒者是漢和帝鄧貴人（之後立為鄧皇后）。陰皇后與鄧貴人均為漢和帝后妃，兩人是遠親：陰皇后是光烈皇后陰麗華兄長陰識的曾孫女，而鄧貴人是陰麗華從弟的外孫女。若從陰氏譜系來論輩分，鄧貴人比陰皇后還要高一輩。陰皇后少時就聰慧有才藝，永元四年入宮為貴人，深獲寵愛，永元八年即立為皇后。這年冬天，鄧氏女也入宮為貴人，並很快獲得皇帝的寵幸。雖然鄧貴人服侍陰皇后戰戰兢兢、謹小慎微，但是陰皇后仍然十分忿恨她的得寵。到了永元十四年夏天，有人告發皇后與外祖母鄧朱一同用巫蠱加害鄧貴人。皇帝令人查案，拷問鄧朱、鄧朱的兩個兒子奉、毅（也就是陰皇后的舅舅），和陰皇后的三個弟弟軼、輔、敞。根據這幾人所供，得知皇后祠祭祝詛確有其事。最終

115《後漢書》，頁四一七。

結果是奉、毅、輔三人死於獄中，皇后被廢，幽禁於桐宮，最終憂慮而死。皇后父親自殺，其舅軼、弟敞及朱家親屬遠徙日南比景縣（今越南境內）。於是，鄧貴人被立為皇后。事後，據《後漢書》記載，鄧貴人（現在是鄧皇后）對施詛咒者陰皇后相對寬和：一方面，鄧貴人曾試圖幫助陰皇后，雖然沒有成功；另一方面，鄧氏在當上太后以後，也對陰氏較為寬容：「永初四年，鄧太后詔赦陰氏諸徙者悉歸故郡，還其資財五百餘萬。」[116] 即便鄧氏這些舉動只是為了體現自己的仁愛而有意為之，這樣的寬和在眾多巫蠱事件中也不常見。如果細究《後漢書》原文，我們在字面看到的是一個宅心仁厚的鄧貴人，對陰皇后一片忠心，在聽到陰皇后對她的譖言之後，不惜以死明志：

> 陰后見后德稱日盛，不知所為，遂造祝詛，欲以為害。帝嘗寢病危甚，陰后密言：『我得意，不令鄧氏復有遺類！』后聞，乃對左右流涕言曰：『我竭誠盡心以事皇后，竟不為所祐，而當獲罪於天。婦人雖無從死之義，然周公身請武王之命，越姬心誓必死之分，上以報帝之恩，中以解宗

族之禍，下不令陰氏有人豕之譏。』即欲飲藥，宮人趙玉者固禁之，因詐言屬有使來，上疾已愈。后信以為然，乃止。明日，帝果瘳。十四年夏，陰后以巫蠱事廢，后請救不能得，帝便屬意焉。后愈稱疾篤，深自閉絕。會有司奏建長秋宮，帝曰：『皇后之尊，與朕同體，承宗廟，母天下，豈易哉！唯鄧貴人德冠後庭，乃可當之。』至冬，立為皇后。辭讓者三，然後即位。手書表謝，深陳德薄，不足以充小君之選。是時，方國貢獻，競求珍麗之物，自后即位，悉令禁絕，歲時但供紙墨而已。帝每欲官爵鄧氏，后輒哀請謙讓，故兄騭終帝世不過虎賁中郎將。[117]

這是否就是事情的真相？如果沒有反面的證據，我們是否就可以接受史家的描述，認為鄧皇后的為人的確是謙良恭讓，無可指摘？如果細讀相關傳記，她的

116《後漢書》，頁四二一。

117《後漢書》，頁四一八—四二一。

形象是一個不崇尚過分奢華，生活儉樸，重視學術，待人寬厚的人。然而史家對她最後的評價，卻不是完全正面的，原因是她以皇太后臨朝，一直到去世，都沒有還政於安帝，這其中，是否牽涉到某些她人格上不足之處，或者是否反映在她的背後，外戚和宦官的爭鬥正是暗潮洶湧？綜觀鄧氏一族在東漢前期是極為有勢力的，根據《後漢書》記載：

> 鄧氏自中興後，累世寵貴，凡侯者二十九人，公二人，大將軍以下十三人，中二千石十四人，列校二十二人，州牧、郡守四十八人，其餘侍中、將、大夫、郎、謁者不可勝數，東京莫與為比。[118]

鄧騭為人亦相當謹慎，但在鄧太后去世之後，一家人仍不免被敵對的力量陷害，幾乎全家覆亡。[119] 這情況似乎也暗示，鄧太后小心翼翼的行事是另有隱情。總之，在此次巫蠱事件中，謀害者被揭發，計未逞，後人可以小心的推論，然真正的緣由恐怕很難釐清了。

靈帝光和元年（西元一七八）發生的宋皇后行巫蠱以祝詛皇帝事件，明顯是一件冤案。根據《後漢書》：

> 靈帝宋皇后諱某，扶風平陵人也，肅宗宋貴人之從曾孫也。建寧三年（西元一七〇），選入掖庭為貴人。明年（西元一七一），立為皇后。父酆，執金吾，封不其鄉侯。[118]
>
> 后無寵而居正位，後宮幸姬眾，共譖毀。初，中常侍王甫枉誅勃海王悝及妃宋氏，妃即后之姑也。甫恐后怨之，及與太中大夫程阿共構言皇后挾左道祝詛，帝信之。光和元年（西元一七八），遂策收璽綬。后自致暴室，以憂死。在位八年。父及兄弟並被誅。諸常侍、小黃門在省闥者，皆

118《後漢書》，頁六一九。
119《後漢書》，頁六一二—六一八。

> 憐宋氏無辜，共合錢物，收葬廢后及鄧父子，歸宋氏舊塋皐門亭。帝後夢見桓帝怒曰：「宋皇后有何罪過，而聽用邪孽，使絕其命？勃海王悝既已自貶，又受誅斃。今宋氏及悝自訴於天，上帝震怒，上帝，天也。震，動也。書曰『帝乃震怒』也。罪在難救。」夢殊明察。帝既覺而恐，以事問於羽林左監許永曰：「此何祥？其可攘攘謂除也。乎？」永對曰：「宋皇后親與陛下共承宗廟，母臨萬國，歷年已久，海內蒙化，過惡無聞。而虛聽讒妬之說，以致無辜之罪，身嬰極誅，禍及家族，天下臣妾，咸為怨痛。勃海王悝，桓帝母弟也。處國奉藩，未嘗有過。陛下曾不證審，遂伏其辜。昔晉侯失刑，亦夢大厲被髮屬地。天道明察，鬼神難誣。宜并改葬，以安冤魂。反宋后之徙家，復勃海之先封，以消厥咎。」帝弗能用，尋亦崩焉。[120]

查《後漢書》其他記載，可知王甫和渤海王悝原本是友好的，渤海王曾因行為不檢被貶，想要藉王甫替他在皇帝前說項以求復國，並允許給王甫巨額賄賂，但適逢桓帝臨死前特赦復國，渤海王悝認為王甫並沒有幫上忙，不願付款，王甫因而心生怨恨，[121]遂於熹平元年誣陷渤海王悝欲謀反，結果渤海王自殺，王妃宋氏死於獄中。然而在此時，新皇帝靈帝立宋貴人為皇后，而宋貴人恰好是渤海王悝妃子宋氏的姪女，王甫因而心生懼怕，為免遭報復，於是又串通太中大夫程阿誣陷宋皇后行祝詛之事。這事可能進行了數年，由於宋皇后原本就不得寵，其他后妃也常常詆毀她，於是靈帝在光和元年（西元一七八）下令廢后，皇后在暴室中憂悶而死，父親與兄弟也被殺。

這件構陷的巫蠱事件之後，據說靈帝夢見桓帝怒斥他冤枉了宋皇后與渤海王。羽林左監許永建議靈帝讓皇后的族人回到原籍，也恢復渤海王的封號。靈帝不聽，不久之後靈帝也去世。因為這故事的緣故，後世有不少人把靈帝視為行為不道德而遭報應的典型例子。顏之推（西元五三一—五九一）在他宣揚因

120　《後漢書》，頁四四八—四四九。

121　《後漢書》，頁一七九九。

果報應的《冤魂志》中間就收錄了這則故事。[122] 後世如唐代的《法苑珠林》[123] 和宋代的《太平廣記》[124] 也都把這則故事歸為報應類，加以收錄。但是，如同許多流傳在漢末到魏晉南北朝時代的靈異故事，尤其是以真實歷史人物為主角的，不論故事本身是否有可能為真實發生過之事，故事之能夠出現而且流傳，反映出後人對於歷史人物的某種評論，而不僅僅是為了聳人聽聞的效果。[125] 當然，《後漢書》作者范曄（西元三九八—四四五）所生活的時代是志怪小說開始流行的時代，范氏在《後漢書》中記錄了不少神異事蹟，也是時代風氣的反映。

122 顏之推，《冤魂志》，頁一九—二〇。

123 道世，《法苑珠林》，卷七六，〈十惡篇第八十四之四〉、〈兩舌部第九〉、〈引證部第二〉、〈感應緣略引二驗〉。

124 李昉，《太平廣記》，卷一一九，〈報應十八〉、〈冤報〉。

125 有關南北朝時代志怪小說中所表現的對歷史人物的評論與平反，見Poo, 2010。

第四章

六朝隋唐之巫蠱與民間信仰

以巫蠱為宮廷鬥爭的藉口並沒有因為漢朝的傾覆而在宮廷之中消失。三國吳景帝永安三年（西元二六〇），發生了廢帝孫亮行巫蠱事件。

> 三年春三月，西陵言赤烏見。秋，用都尉嚴密議，作浦里塘。會稽郡謠言王亮當還為天子，而亮宮人告亮使巫禱祠，有惡言。有司以聞，黜為候官侯，遣之國。道自殺，衛送者伏罪。[1]

我們當然不能確定是否真有巫蠱之事。陳壽的紀錄十分簡單，但是他用的說法是因為有謠言說孫亮想復位，因而並沒有很堅強的證據。宮人告孫亮行巫蠱，則更是常見的宮廷鬥爭手段。因此不能排除這是一次帝王剷除潛在性王位威脅者的動作，而巫蠱的罪名足以達到剷除異己的目的。東吳的幾個末代皇帝均為荒誕無道之流，在連年與北方魏晉政權的軍事衝突中，不但無法自保，還要在

---

1 《三國志》，頁一一五八—一一五九。

宮廷之中黨同伐異，用巫蠱的罪名來剷除異己，恐怕也不是太不尋常。

南朝宋文帝元嘉二九至三十年（西元四五二—四五三）所發生的巫蠱事件，起因於東陽公主之婢王鸚鵡與女巫嚴道育善，東陽公主遂白文帝，以善蠶名義入宮，公主與太子皆對嚴道育十分信服。而後因太子劉劭、始興王劉濬多有不法，遂讓嚴道育作法不讓文帝知曉。東陽公主死後，王鸚鵡嫁與沈懷遠為妾，臨賀公主有所微言，文帝遂派遣奚承祖前往詰問太子。而後，王鸚鵡因恐與陳天興私通事發，遂讓太子殺陳天興，陳慶國為恐波及自身，遂上告宋文帝，言巫蠱之事。之後，文帝欲廢太子並殺始興王，卻反為太子所殺。這件錯綜複雜的事件延續了好幾年，但這不是我們主要關心的。在此事件的記載中，值得注意的是有關巫蠱與當時新興的道教之間的一些複雜的關係：

> 上時務在本業，勸課耕桑，使宮內皆蠶，欲以諷勵天下·有女巫嚴道育，本吳興人，自言通靈，能役使鬼物。夫為劫，坐沒入奚官。劭姊東陽公主應閤婢王鸚鵡白公主云：「道育通靈有異術。」主乃白上，託云善

蠶，求召入，見許。道育既入，自言服食，主及劭並信惑之。始與王濬素佞事劭，與劭並多過失，慮上知，使道育祈請，欲令過不上聞，道育輒云：「自上天陳請，必不泄露。」劭等敬事，號曰天師。後遂為巫蠱，以玉人為上形像，埋於含章殿前。[2]

此處所描述的嚴道育宣稱能役使鬼物，與後漢以來方士有相似之處，但又言服食，則與魏晉以來求仙之風有關，其自言可以通天，號天師，則又與天師道似乎有某種關係。不過其巫蠱之術，則與漢武帝時的巫蠱相似，以偶人埋在地下以象被害之人。這個故事的重要性就在它體現出了當時社會中流行的觀念，呈現一種混合的現象，即此時以民間巫者為主的巫術一方面繼承了漢代以來方術的傳統，也接受了魏晉以來服食求仙的新流行，再接受新興的天師道的一些概念，但總之其所宣稱的法術則不出所謂的交感巫術，其之所以仍然被認為是有

2　《宋書》，頁二四二四。

效的法術，則顯示了此時一般人宗教心態之一斑。同時，以蠱為某種毒物的概念似乎不一定與巫蠱為害人巫法可以劃上等號。

數年之後的另一次巫蠱事件，是宋孝武帝大明三年（西元四五九）宋竟陵王誕巫蠱謀逆之事。竟陵王數次為人所告發，有司請誅，不許，削爵。最後是竟陵王起兵造反，最終失敗被殺。《宋書》載誕行巫蠱祝詛宋武帝的行為是：

> 又常疏陛下年紀姓諱，往巫鄭師憐家祝詛。[3]

此段記載顯示巫蠱之法要使用被害者的年紀姓諱，可能是寫在某件文書上或者偶人上，以確認被害者的身分，然後加以祝詛。值得注意的是，祝詛之事是在巫師的家中舉行，而不是請巫師到宮中作法。看來此時的巫者可以在家中營業，有似醫者開業，而顧客上門求助，則有似病人去找醫生看病。

巫蠱祝詛之術與道教之關係始終不斷，雖然道教本身也排斥所謂的民間淫祠，但實際民間社會中，古老的巫術很難與道法劃分清楚。陳後主至德元年

（西元五八三）又有長沙王祝詛事件，當時，後主不視事，權委長沙王陳叔堅，然而叔堅所行多不法，遂被削去權勢，乃以左道求福，並行祝詛：

> 叔堅不自安，稍怨望，乃為左道厭魅以求福助，刻木為偶人，衣以道士之服，施機關，能拜跪，晝夜於日月下醮之，祝詛於上。[4]

此處顯示，假若左道厭魅的巫蠱術不是道教的行徑，民間行巫蠱者卻襲用了道教的服飾和一些儀式，與原有的祝詛之法結合。

至於北朝，有關巫蠱的記載不多，但至少有幾則可以說明，在宮廷鬥爭中使用巫蠱，南北朝廷之間的差異不大。北魏政權雖為胡人建立，在後世的記載中，其律法與前此的中原政權有諸多繼承之處。《魏書》刑罰志中就有一段關

3 《宋書》，頁二〇二八；《南史》，頁三九七—三九八。

4 《陳書》，頁三六六—三六七。

於施行巫蠱的罰則：「為蠱毒者，男女皆斬，而焚其家。巫蠱者，負羖羊抱犬沉諸淵。」[5]看來行蠱者是唯一死罪，反映出統治者對於巫蠱的具體恐懼。《魏書》中記載北魏文成帝拓拔濬時就有兩起巫蠱事件，一是鄧宗慶妻為巫蠱：

> （鄧）宗慶在州，為民所訟，雖訊鞫獲情，上下大不相得。轉徐州刺史，仍本將軍。未幾，坐妻韓巫蠱，伏誅。[6]

另一事件是古弼被家人誣告行巫蠱之事：

> 世祖崩（西元四五二），吳王立，以弼為司徒。高宗即位，與張黎並坐議不合旨，俱免，有怨謗之言。其家人告巫蠱，俱伏法，時人冤之。[7]

這兩件事的結果均為被告行巫蠱的人遭誅，而史家在記載時已經指出他們是被誣控的。即使被控巫蠱罪名不一定是針對皇帝，仍是死罪。當然，如果牽涉到皇帝，而行巫蠱者如果是皇后，則死刑並不一定可以實行，但被廢或打入冷宮則難免。

魏孝文帝時代，馮皇后用女巫祝禱以求害死孝文帝，就是一個例子：

> 此後，后漸憂懼，與母常氏求託女巫，禱厭無所不至，願高祖疾不起，……又取三牲宮中妖祠，假言祈福，專為左道。[8]

失寵后妃以宮女聯繫女巫以謀害人主，不論記載是否反映真實情況，至少可以

5 《魏書》，頁二八七四。
6 《魏書》，頁六三六。
7 《魏書》，頁六九三。
8 《魏書》，頁三三三。

知道這種一再上演之劇碼其來有自。馮皇后的失寵雖是與她素行不檢有關，孝文帝最初不忍賜死，最後在孝文帝去世之後，仍被迫服毒自盡。

總括南北朝時代的巫蠱事件，密度不如漢代，但可以比較具體的看出巫蠱祝詛的方法，以及其與道教之間的一些關係與糾結。這情況到了隋代可說更為明顯。隋文帝開皇元年（西元五八一），一個叫鄭譯的官員，由於為隋文帝所疏遠，遂召請道士祈福，卻為其奴婢告為巫蠱。[9]可見此時在一些人的眼中，道士的活動與巫蠱之術似乎沒有什麼差別，至少，人可以用道士活動為藉口來誣告人行蠱。類似的情況發生在隋煬帝大業元年（西元六〇五），當時，煬帝對諸侯王猜忌甚嚴，衛王楊爽憂慮恐懼，遂請術者俞普明祈福，卻遭人告發為祝詛，楊素等請依律處死，後發配邊郡。[10]而同一年發生的另一件事，滕穆王楊綸，也是被煬帝猜忌，楊綸遂問於術者王琛，並與沙門惠恩、崛多往來，多問占卜之事，遂為人告其怨望咒詛。他的下場與楊爽一樣，遠徙邊境。[11]不過不同的是，此事牽涉到的是沙門，可見在當時，佛、道和民間巫祝之間的區別有時並不清楚，或至少人們在有意無意間將其混為一事。而人可以同時找術士或沙門行占卜，並不以為奇。[12]這情況在南北朝時應該已經如此。《宋書》中有一段記載，夾在竟陵王誕傳中，可以視為一則無心史料，證明在當時民間存在一種混合了傳統天公信仰與漢末以來新興佛道兩教的綜合信仰：

> 大明二年，發民築治廣陵城，誕循行，有人干輿揚聲大罵曰：「大兵尋至，何以辛苦百姓！」誕執之，問其本末，答曰：「姓夷名孫，家在海陵。天公去年與道佛共議，欲除此間民人，道佛苦諫得止。大禍將至，何不立六慎門。」誕問：「六慎門云何？」答曰：「古時有言，禍不入六慎門。」誕以其言狂悖，殺之。[13]

---

9 《北史》，頁一三一四。

10 《北史》，頁二四五四。

11 《隋書》，頁一二二一—一二二二。

12 有關佛道和民間信仰之間相互競爭的關係，可參考 Poo, 2017；Mollier, 2008。

13 《宋書》，頁二〇三七；《南史》，頁三九九。

此段記載中名叫夷孫的人所宣稱的天公，至少自漢代以來就流行在民間，如東漢早期的一種供死者去來世旅行的券書中，有以下的文字：「〔死者〕持去，天公所對，生人不負責（債），死人毋適（謫），卷（券）書明白，張氏請子社。」[14]這裡提到的天公，可以主持死者身後的命運，有可能就是百姓觀念中的至上神。

而夷孫所謂的道佛，可能即是早期道教中的至上神，如《太平經》所經常出現的「道言」的道，以及佛教中的釋迦牟尼。但在此說法中，是天公要滅絕當地人，與道君和佛祖商議，在道佛的力諫保護之下，才得以全。這裡暗示的是民間信仰中本土信仰和新興信仰之間的角力，在此天公的地位似乎仍然要較道佛為高。這也是了解當時民間宗教信仰狀態的一則有用的消息。要了解民間信仰的狀況，這類消息應該至少要與佛道經典中所呈現的說法相互印證，才能得其實情。

到了唐代，宮中后妃之間的鬥爭又開始以巫蠱祝詛為手段。唐高宗永徽六年（西元六五五）發生廢后王氏事件，事因為王皇后、蕭良娣與武昭儀爭寵，高宗偏愛武氏，遂使王皇后不安，密與其母柳氏行厭勝，後為高宗所覺，被廢，牽涉至唐初以來朝中勢力。結果王皇后被廢縊殺。魏國夫人柳氏（王皇后之母）流放。蕭良娣亦被縊殺。[15]武后在鬥爭中勝出，她自己雖亦行巫蠱祝詛，卻能說服高宗，不但不被處罰，還可以反將告發她的人除去：

> 麟德初，后〔武后〕召方士郭行真入禁中為蠱祝，宦人王伏勝發之，帝怒，因是召西臺侍郎上官儀，儀指言后專恣，失海內望，不可承宗廟，與帝意合，乃趣使草詔廢之，左右馳告，后遽從帝自訴，帝羞縮，待之如初，猶意其恚，且曰：「是皆上官儀教我！」后諷許敬宗構儀，殺之。[16]

14 陳松長編，二〇〇一：一〇一；參見Harper, 2004。

15《舊唐書》，頁二一七〇。

16《新唐書》，頁三四七五。

等她登基稱帝，更可以用巫蠱罪名來去除異己，如武周長壽二年（西元六九三）武后因婢女的誣告，將唐睿宗劉皇后、竇皇后以巫蠱之罪名處死。[17]她自己則信一些方術之士，根據《朝野僉載》之記載：

> 周有婆羅門僧惠範，姦矯狐魅，挾邪作蠱，咨趄鼠黠，左道弄權。則天以為聖僧，賞賚甚重。[18]

在武后死後，此僧遂被誅除。

佛教僧人之所以會被認為行巫蠱，除了誣諂之外，佛典中其實有非常多的段落提到佛法及佛咒可以防止巫蠱祝詛為害。例如玄奘所譯的《大般若波羅蜜多經》卷一〇二中有如下的段落：

> 若善男子、善女人等不離一切智智心，以無所得為方便，常於如是甚深般若波羅蜜多，至心聽聞、恭敬供養、尊重讚歎、受持、讀誦、如理思

惟、精勤修學、書寫、解說、廣令流布，是善男子、善女人等一切毒藥、蠱道、鬼魅、厭禱、呪術皆不能害，水不能溺火不能燒，刀杖、惡獸、怨賊、惡神、眾邪、魍魎不能傷害。

此處是對一般善男信女所提供的保護，只要虔信並誦念般若波羅蜜多，即可不受一切毒禍，而蠱道是與這些人為或鬼魅的禍害相提並論的。如果說在佛教傳播系統中，處理人們日常生活中原本即有的關於鬼神的問題是一件不可避免的事，那麼佛教必須得提供某種保護的方法。這些方法不外是咒語、儀式，甚或醫藥。在此方面，佛教所採取的辦法與道教在本質上沒有太大分別。此點將在下文第五章中一併討論。

唐代宗大曆十二年（西元七七七）誅權臣元載，罪名之一是「陰託妖巫，

17《舊唐書》，頁二二七六。

18 張鷟，《朝野僉載》，頁一一四。

夜行解禱」：

> 中書侍郎、同中書門下平章事元載，性頗姦回，跡非正直。寵待踰分，早踐鈞衡。亮弼之功，未能經邦成務；挾邪之志，常以罔上面欺。陰託妖巫，夜行解禱，用圖非望，庶逭典章。納受贓私，貿鬻官秩。[19]

唐僖宗李儇光啟三年（西元九八七），權將高駢為叛賊所殺，據說是由於有人施行蠱術，即以偶人（銅人長三尺餘），上刻其名字，並且以釘釘其心，以至於死：

> 初師鐸入城，呂用之、張守一出奔楊行密，詐言所居有金。行密入城，掘其家地下，得銅人長三尺餘，身被桎梏，釘其心，刻「高駢」二字於胸，蓋以魅道厭勝蠱惑其心，以致族滅。[20]

這種以偶人為祝詛對象以象生人的辦法自先秦以來即流行於社會中，漢武帝巫蠱之禍如此，前舉宋文帝祝詛事件以玉人為形象，亦復相同。

綜觀唐代有關巫蠱之事件，可知宮中仍然不時流行巫蠱祝詛之事，有時是人們有目的的欲害特定人物，但也有不少時候看來只是欲加之罪的一種方便。其基本情況與漢代相去不遠。可以合理推測的是，類似巫蠱的事件不但在宮中會有更多沒有被記載下的例子，在民間也廣泛存在。此時有關巫蠱的資料也呈現出較多與佛道兩教與民間信仰之間的關係，可以由巫蠱之事在前述《隋書・地理志》以及民間文獻如《齊民要術》和《荊楚歲時記》等中的記載印證。以下的篇幅，則將對巫蠱之現象做一系統性之分析。[21]

19《舊唐書》，頁三四一三。

20《舊唐書》，頁四七一二。

21有關唐代民間信仰，可參見劉禮堂，二〇〇一。

第五章
人物心態與社會脈絡

一、施蠱者與被害人之身分分析

基本上，實際施巫蠱者多屬巫者之流，或者習得巫術的婢女佞臣之屬，而要求巫者施蠱的人，不論是宮廷后妃，或者王公諸侯，大都只是主謀者，而不是實際行巫術者。只有在民間，也許可以找到百姓自行施巫術的例子。由漢唐之際有關宮闈之間巫蠱事件的記載來看，施行蠱術的人則以女性為主，通常為某女婢或女巫。此處引申出的觀察是，當時一般認知以為，巫術的施行者必須是具備某種能力者，亦即巫者之流。女巫因其性別之故，容易出入宮闈，也就比較容易為女主所雇用來行巫術。至於為何女性在宮闈中有比較多行巫蠱，或者被控以巫蠱的紀錄，可能必須由宮闈的特性來了解。自漢以下，統治者後宮自成一天地，通常為后妃活動的唯一空間，這些婦女的社會接觸和人格心理無疑會被這狹小的空間所限制，所影響。她們之間因地位不同，受皇帝寵愛不同，而產生的緊張和摩擦，通常也因為無法逃離這空間而得不到紓解。在怨懟不斷累積之下，有人以宗教信仰的方式解決個人的問題，毋寧是自然的發展。

但是有人發展出虔誠的佛教信仰，但也有人依賴巫蠱之術，那也是一種信仰活動，只是這是以加害他人為目的。同時，我們也不能否定，虔誠的宗教信仰與依賴巫蠱亦不一定是相互排斥的行為。

后妃及其侍者也許生活於內宮，但最初總有不少來自民間，因而由民間帶來有關的信仰活動，亦相當合理。內宮之中，女性之間的鬥爭不同於朝廷之上或疆場之上的男性，是以陰柔、隱密、不動聲色為特色，而在地下埋偶人，在夜間祝禱，也就成了她們鬥爭的方式。這並不是說女性特別迷信，而只是考量宮廷女性的生活環境對她們的性格和行為方式所可能造成的影響。總之，女性與巫蠱事件的關聯占我們所知的宮廷巫蠱事件的大多數例子，這些例子雖不具統計意義，但就抽樣的角度來看，也至少指出，巫蠱祝詛的活動是否具有一定的性別差異，是值得注意的現象。

如果以歐洲的情況為例，學者也論及為何在歐洲，巫術主要是由女性巫者從事。據一些學者的解釋，女性被認為具有某種特殊的魔力，是由於她們具有生育能力，這是由原始時代以來就存在於社會潛意識之中，加上女性也經常與調理食物和藥物有關，因而會與巫術發生關係。[1]這種說法雖有一定的吸引力，但過於理論化，無法真正證實。如果看歐洲之外的地區，尤其是非洲，可以知道，不同社會中的巫者有男有女，有老有少，未能一概而論。[2]歐洲十五世紀以來的女巫現象，就人類社會整體而言，也可能只是局部的現象，而如下文將再提及，仍有許多社會和心理因素必須考量。

當然，在中國古代，如果檢視除了宮廷鬥爭之外有關巫蠱的例子，譬如說造蠱之人，也不一定都是女性。亦即是說，在民間社會中，蠱術的性別差異尚不能有效的被證實。在本研究所討論的諸多巫蠱事件中，除了少數例外，大多數的被害人，或者宣稱被詛咒的人，都是地位比施行巫蠱者為高的人，例如皇帝、皇后之類，或至少地位相當，如彼此爭寵的后妃。我們很少看到位居高位者以巫蠱之術加害地位比較低的人，也就是說，巫蠱祝詛之術的施行，通常是

1 Russell, 1972: 279-89.

2 Hutton, 2004: 426.

一種以下犯上，尤其是犯到皇帝的行為，這也是為何史料中常常稱之為大逆不道之故。也就是因為如此，巫蠱的罪名成為宮廷鬥爭的利器，被控以巫蠱之罪的通常難逃一死，因為雖然查無實據，但人們總是傾向相信事出有因。要控告別人行巫蠱不難，要證明自己沒有行巫蠱則並不容易。

至於為何在記載中位高者比較不會以巫蠱加害地位較低者，有可能是相對地位之不同，使得占優勢的位高者比較沒有必要去打擊地位較低者。相反，地位較低者則因為想要更上層樓，例如由妃子成為皇后，或由非嫡太子成為皇帝等等，而比較有動機以巫蠱之術來達到其目的。當然，這種理由，也可以是在上位者用以誣構臣下所採取的理由。也就是說，在上位者不見得是真的沒有必要去打擊地位比較低的人，反而可能是由於恐懼別人加害於他而採取反控的手段，而這些也常是聽信臣下讒言的結果。顯現在文獻中的以下犯上的巫蠱是否真的如文獻所描述的，或者是正好相反？我們有例子可以說明。前面提到，武則天因婢女的誣告，將唐睿宗劉皇后、竇皇后以巫蠱之罪名處死，這事件顯示，劉皇后和竇皇后的罪名應該是以下犯上，因為當時武則天已經稱帝，高高在上。然而真正的緣由是武則天自己仍不放心劉皇后和竇皇后，因而採取借刀殺人的手段，誣告的婢女其實是武則天安排的策略。

二、巫蠱事件反映之社會及宗教心態與現實

我們所討論的史料，以漢唐時代宮廷中發生的巫蠱事件為主，這一方面是受到資料的限制，但並非主要的原因。[3]本書的目的，其實不在於說明漢唐社會中存在巫蠱祝詛之術，因為那已經是眾所熟知的事實。[4]我們以宮廷資料為主，目的是要探討一個問題：什麼樣的社會、政治、宗教與智識環境，使得巫蠱之術能夠成為一種宮廷鬥爭的工具。以巫蠱祝詛為名的害人之術自漢至唐一直在宮廷中不斷的出現，成為揮之不去的夢魘，它說明了什麼樣的社會和思想信仰的狀態？何種宗教氛圍能讓巫蠱之術或此類活動得以發生？它們能為此時

3 可參見林富士，二〇一六：七〇—一一六。

4 詳見林富士，一九九九。

期之信仰心態揭示出何種意義？此背景和心態與當時之特殊政治社會環境有何互動關係？

首先必須認識的是，在中國古代社會中，對於鬼神之屬的超自然現象，從來沒有任何人或者思想流派曾經徹底的討論或者否定過，即使是後人以為是理性而人本為主的儒家也必須採取一種不可知或敬而遠之的態度。[5]因而對於不可知不可見的神祕現象，我們很難說社會上有一共同的定見，個人的情況也會因個人在不同的生活或心理處境之下而有不同的看法。所謂的相信，或者宗教信仰，大多不是一成不變，或者一次了結的。人處順境時對鬼神是一種看法，處逆境時，則可能是另一種看法。信仰，是人和其生存環境（包括人事和自然）之間不斷商榷的一種過程，它不是一種固定不變的心理狀態或思想內容，它沒有一個百分之百的信或者不信，而多半是游移於半信半疑之間。

根據現存的文獻及考古資料，我們可以相信，在民間社會中，一般百姓對於巫祝活動的有效性基本上是採取寧可信其有的態度。[6]這就提供了巫蠱之術的存活空間，亦即，巫蠱之術永遠會是人們在想要用某種祕密的或超自然的手段來對付敵人時的一種選擇。而人們在身體或精神上受到不知原因的傷害時，巫蠱為害也成為一項可以接受的解釋。當然，進一步的情況是，人們會利用巫蠱的罪名來構陷自己的敵人，因為巫蠱已經是社會共同接受的事實，即使是最後結果表明某一次所謂巫蠱之事沒有事實根據，但那也只能是單一的事件，並不能真正改變社會人們對巫蠱為有效之法術的相信。這也就是為何它可以一再成為誣陷的藉口的原因。[7]

先秦時代的資料已經顯示，祝詛是一種流行的攻擊敵人的活動，或者是以神明之見證來約束同盟的方式。[8]因而它具有某種政治意涵，是相當清楚的。漢文帝就因為先秦以來有祕祝移過於下的習俗而思加以改革，但是武帝時開始的一連串巫蠱事件可能是中國歷史上真正將巫蠱帶入宮闈政治的開端。這其中

5 蒲慕州，二〇〇五。

6 蒲慕州，二〇〇四，第六章；馬新，二〇〇一。

7 至於有關巫蠱之事的變態心理學及文化制約，可參見鄧啟耀，一九九九：二九三—三三三。

8 晁福林，一九九五；Poo, 2009。

的原因相當複雜，但至少可分幾方面來說。第一是社會中原有的巫習，在當時提供了一個最基本的信仰背景，也是巫蠱之禍能夠牽連如此之廣的主要原因。武帝個人的信鬼神，以及個人的精神和身體狀態，則提供了事件發生時特殊的個人背景。第一次巫蠱之禍為陳皇后之事件，根據司馬遷的說法，死了三百多人，不可謂不是件大事，而由於事件的焦點是后妃之間的相互妒嫉，則與武帝個人的態度有直接的關係。如果不是武帝放任手下去窮治之，結果可能不會如此慘烈。但一旦有了這次例子，以後的發展就很難收拾或善了。到了武帝征和二年以衛太子為焦點的巫蠱之禍，明顯是早先陳皇后事件的延續。原本控告陳皇后巫蠱的衛子夫的兒子，也就是衛太子，現在也成為巫蠱的被告。這次巫蠱之禍，有其潛伏期（即社會上之巫蠱活動，武帝之迷信，衛子夫與陳皇后的衝突，江充與太子之不和），有其導火線（宮中有人埋偶人祝詛，武帝之病，有人誣告太子等），亦有其宮廷政治之背景（不同利益集團之衝突），因而我們可以看出，巫蠱在這時候已經成為宮廷鬥爭整肅異己的方便法門。在事件中興風作浪的，自然是一些在宮廷政治中想要獲得各種利益或者求取各種保障的人，江充就是明顯的例子。當然，這並不是說所有的人都清楚的以為巫蠱只是鬥爭手段，反而正是因為人們多少總帶有半信半疑的心理，在一種模糊不清的狀態之下，人們才會有興趣捕風捉影，事件才能以利用非理性的藉口而獲得理性的正當性的方式發展。我們前文中已經指出，征和二年開始的巫蠱之禍，是複雜的政治鬥爭，宮闈爭寵、社會不安，以及個人迷信的綜合現象。它開啟了以後中國宮廷政治的一種鬥爭模式，後世文獻中也不斷的提到武帝時代的巫蠱之禍，[9]可見它不論是作為一種負面教材，或者提供後人模仿的靈感，都具有劃時代的重要性。

由漢至唐，巫蠱祝詛的事件不斷在宮廷之間發生，說明了數百年間人們對巫蠱的看法基本上沒有改變，而佛教和道教的出現與發展也都沒有根本上影響巫蠱在社會中的存在，反而是有跡象顯示，巫蠱之術可以結合佛道的一些元素，或者與僧人道士發生一些關係。這些說明了對於一般百姓或者某些對佛道

9 例如《三國志．魏書》，頁七〇九，高堂隆論及漢武帝時代厭災，就提到江充巫蠱之禍。

認識有限的人而言，又或者對於一些佛道修行粗淺的僧人道士而言，巫蠱祝詛的行為只是各種祠祀活動的一種，前述南朝宋文帝元嘉二九至三十年（西元四五二－四五三）所發生的嚴道育巫蠱事件，為巫蠱與道教牽扯不清的例子。陳後主至德元年（西元五八三）又有長沙王祝詛事件，也是刻木為偶人，衣以道士之服。這似乎是在指涉，道士與巫蠱祝詛之術有直接的關聯。而武則天與婆羅門僧惠範為巫蠱之事，則牽涉到佛教僧人的行為。

當然，實際上不論道佛，都在其經典中提到以咒語劾治蠱毒的辦法，因而我們可以認為，兩者都在信巫蠱的大文化氛圍之中，對巫蠱之存在採取接受的態度，同時，提供解決巫蠱為害的方法，以證明其信仰系統的有效性。自南北朝時代開始，以慧皎《高僧傳》為代表的佛教作品中，僧人的法術和降伏惡鬼的能力已經是一項重要的宣傳佛教的論述。[10]前一章中亦已經舉例說明了在佛經中所經常看到的與處理蠱害有關的經文咒語。即使我們不能完全確定佛經中所謂的蠱是否對應於中國社會中原有的蠱的概念，單由佛經譯者使用蠱字的事實，我們已可以推測，中土的信徒多半只能以蠱字在中文語境中的意義來理解，因而其具有說服人心的效果應該也是可以預期的。

道教原本由中國本土信仰發展出來，自然與自古以來民間信仰有密切關係，蠱害亦不例外。以《太上老君說解釋咒詛經》為例，其中有一咒語即為逐除蠱毒之用：

大法堂堂，天圓地方。天有九柱，地有九梁。厭咒之人，自受其殃。六柱三梁，厭蠱消亡。三梁六柱，還其本主。六甲六乙，厭蠱速出。六丙六丁，厭蠱不行。六戊六己，厭蠱不起。六庚六辛，厭蠱不真。六壬六癸，厭蠱自死。呪詛速解，急急如律令！

這段呪語明顯指出，呪詛和蠱害是緊密相關的。消除蠱害，自然還要用呪語去解除。

---

10 蒲慕州，一九九〇（收入蒲慕州，二〇一六）。

由於蠱字最早在商代甲骨文中出現時即與病痛有關，而巫蠱使人病且死，自然與醫藥有關。在中國醫學發展的過程中，醫治蠱毒也就成為一個項目。但由於巫醫之間的分別有時並不明顯，因而醫書中也就出現以藥石和逐除之術並用的情況，這不僅是治蠱如此，一般病痛的治療也多包括這兩方面。隋代巢元方《諸病源候論》中，提到蠱毒之處甚多，譬如在卷二五〈蠱毒病諸候〉中，對蠱毒的認識基本上是物質性的毒物：

凡蠱毒有數種，皆是變惑之氣。人有故造作之，多取虫蛇之類，以器皿盛貯，任其自相啖食，唯有一物獨在者，即謂之為蠱。便能變惑，隨逐酒食，為人患禍。患禍于佗，則蠱主吉利，所以不羈之徒而畜事之。[11]

這裡的說法基本上與前文提及《隋書．地理志》中的記載是一致的。但也有的時候，蠱毒與鬼邪被混為一談：

> 凡邪氣鬼物所為病也，其狀不同。或言語錯謬，或啼哭驚走，或癲狂昏亂，或喜怒悲笑，或大怖懼如人來逐，或歌謠咏嘯，或不肯　。……《無生經》曰：治百病、邪鬼、蠱毒，當正偃臥，閉目閉氣，內視丹田，以鼻徐徐納氣，令腹極滿，徐徐以口吐之，勿令有聲，令入多出少，以微為之。[12]

此則文字顯示，在當時醫者的概念中，蠱可以是物質性的毒蟲造成的，也可以是非物質性的鬼邪之屬。因此可以看到這樣的句子：

> 腸蠱痢者，冷熱之氣入在腸間，先下赤，後下白，連年不愈，侵傷于臟腑，下血雜白，如病蠱之狀，名為腸蠱痢也。[13]

---

11 巢元方，《諸病源候論》，卷二五〈蠱毒病諸候〉、〈蠱毒候〉。
12 巢元方，《諸病源候論》，卷二，〈風病諸候下〉，鬼邪候。
13 巢元方，《諸病源候論》，卷一七，〈痢病諸候〉，腸蠱痢候。

所謂「如病蠱之狀」，即是說，醫者要分辨物質性的蠱所造成的腸蠱痢，和鬼邪所造成的蠱病，因為兩者造成的病狀是很相似的。到了唐代，名醫孫思邈在《備急千金要方》中有許多地方提到蠱毒的療法，而在卷七四中則專門討論了解蠱毒的方子：

> 論曰，蠱毒千品，種種不同。或下鮮血，或好臥闇室，不欲光明。或心性反常，乍嗔乍喜，或四肢沉重，百節酸疼。如此種種狀貌，說不可盡。亦有得之三年乃死，急者一月或百日即死。其死時皆有九孔中或於脇下肉中出去。所以出門常須帶雄黃麝香神丹諸大辟惡藥，則百蠱貓虎狐狸老物精魅永不敢著人。養生之家，大須慮此。俗亦有灸法，初中蠱，於心下捺，便大炷灸一百壯，並主貓鬼，亦灸得愈。又當足小指尖上灸三壯，當有物出。酒上得者，有酒出，飯上得者，有飯出。肉菜上得者，有肉菜出，即愈。神驗皆於灸瘡上出。[14]

所以在此他是用雄黃和灸法來治療蠱病及所謂的「貓虎狐狸老物精魅」。在《新唐書．方技列傳》中，也記載了醫者以雄黃治蠱的故事：

> 有道人心腹懣煩彌二歲，〔甄立言〕診曰：「腹有蠱，誤食髮而然。」令餌雄黃一劑，少選，吐一蛇如拇，無目，燒之有髮氣，乃愈。[15]

但孫思邈在《千金翼方》中又有以祝禱念呪來醫治蠱毒的方法：

> 毒父龍盤推，毒母龍盤脂，毒孫無度，毒子龍盤牙。若是蛆蛛蜣螂，還汝本鄉，蛤蟆螞蛇蜥，還汝槽櫪。今日甲乙，蠱毒須出，今日甲寅，蠱毒不神，今日丙丁，蠱毒不行，今日丙午，還著本主。雖然不死，腰脊僂

---

14 孫思邈，《千金要方》，卷七四，蠱毒第四。

15 《新唐書》，頁五七九九。

拒，急急如律令。[16]

由這幾段文字，我們可以看到，即使是如孫思邈這樣的名醫，仍然認為蠱毒的來源是某種經由食物而進入身體的精靈，雖然可以用藥物來治療，但也可以用呪法來治病。《千金翼方》最後兩卷（二九及三〇）提到治各種病痛，甚至有禁狗鼠、禁盜賊等似乎與疫病沒有關係的事。看來這些禁咒是接受了道教的方術。這種心態和對於某些病的了解，既沒有真正與巢元方有太大分別，甚至沒有超越我們在睡虎地秦簡《日書》中所看見的逐除之法。當然，整體而言，以禁咒治病在其醫術中占的位置也許不算最重的，但這現象仍然值得了解。

醫者對蠱毒的了解其實應該是反映了社會大眾概念中的蠱，因為醫者在社會中是處理人們日常病痛的重要人員，他們如何了解蠱毒，如何治療蠱毒，其實是一種與病人或者社會整體心態之間不斷交涉的結果。他們一方面要設法用藥物去治療許多「如病蠱之狀」的病症，但由於許多病是不一定只靠既有的藥物就可以處理的，於是就必須兼用法術或者宗教療法，以應付民眾的心態和需要。如果說，醫者和佛道術士都以助人除病消災為旨，醫者兼用法術亦不過是增加其技藝的方式。必須考量的是，在古代，甚至一直到近現代的中國，一般百姓處理病痛時總是藥石和宗教雙管齊下。

但另一方面，即使在巫蠱之禍盛行的時候，仍然有些知識分子是取理性的態度來檢視巫蠱之術，而認為蠱災沒有事實根據。東漢王充就是重要的例子，他在《論衡》中論及蠱，說法如下：

蟲食他草，平事不怪，食五穀葉，乃謂之災。桂有蠹，桑有蝎，桂中藥，而桑給蠶，其用亦急，與穀無異。蠹蝎不為怪，獨謂蟲為災，不通物類之實，闇於災變之情也。穀蟲曰蠱，蠱若蛾矣。粟米饐熱生蠱。夫蠱食粟米，不謂之災，蟲食苗葉，歸之於政。如說蟲之家，謂粟輕苗重也。17

16 孫思邈，《千金翼方》，卷三〇，〈禁經下〉，禁蠱毒第十三。

17 黃暉，《論衡校釋》，頁七一七。

看來他以為蠱只是穀生蟲，形狀像蛾，並無任何神祕的地方。此外，史書中也常提及地方官員破除民間迷信的故事，說明社會中理性與非理性之間的爭執無時而已。[18]

從法律的層面來看，漢唐時代國家法律對於巫蠱的處置可說極為嚴苛，漢代巫蠱祝詛為大逆不道罪，基本上是針對皇帝的巫蠱，但由武帝征和二年巫蠱之禍株連數萬人的例子看來，民間百姓只要犯了巫蠱罪，就極刑以待。東漢時鄭玄注《周禮．秋官司寇．庶氏》時曾引〈賊律〉：「敢蠱人及教令者，棄市。」鄭注引的這段〈賊律〉有無出土文獻的旁證？近年出土的張家山漢簡《二年律令》中的確有一章為〈賊律〉，但其中沒有提到巫蠱的罪行。由於二年律令的時間據考訂為呂后二年（西元前一八六），也許此時巫蠱罪行尚未成為問題，但如果細讀《二年律令．賊律》，其中有一條值得注意：「有挾毒矢若（謹）堇毒，（糴）蘿，及和為堇毒者，皆棄市。」[19]這是說用毒藥是一項重大罪行，得判死刑。這種對用毒的重視，不能說與後來重視蠱毒的罪行沒有一定的關係。這也說明了武帝時出現的巫蠱事件的嚴重性是有其原因的。

北魏時代的刑法，上文已經提到，是「為蠱毒者，男女皆斬，而焚其家。巫蠱者，負羖羊抱犬沉諸淵」。[20]也是極刑。隋文帝開皇十八年針對一次巫術事件下詔：「畜貓鬼、蠱毒、厭媚、野道之家，並投於四裔。」[21]到了唐代，政府法律對巫蠱有更詳細的考量，唐律規定：

> 諸造畜蠱及教令者，絞；造畜者同居家口雖不知情，若里正知而不糾者，皆流三千里。教畜者雖會赦，並同居家口及教令人，亦流三千里。[22]

故行巫蠱者基本上仍為死罪，知情不報者，亦會遭到流放。杜佑在《通典》中

---

18 蒲慕州，二〇〇四，第六章。
19 張家山二四七號漢墓竹簡整理小組，二〇〇六：一〇。
20 《魏書》，頁二八七四。
21 《隋書》，頁四三。
22 長孫無忌，《唐律疏議》，頁三三七。

說到十惡時說：

一曰謀反。謂謀危社稷。二曰謀大逆。謂謀毀宗廟、山陵及宮闕。三曰謀叛。謂謀背國從偽。四曰惡逆。謂毆及謀殺祖父母、父母，殺伯叔父母、姑、兄、姊、外祖父母、夫、夫之祖父母、父母。五曰不道。謂殺一家非死罪三人，及支解人，造畜蠱毒、厭魅。[23]

蠱道之為嚴重的罪行，由此可見。自唐以下一直到明清時代，巫蠱之罪與罰基本上一脈相傳，沒有太大不同。[24]法律在某種程度上為社會價值觀之反映，由法律對巫蠱的處置，也可以知道，主政者採取的態度是完全的鎮壓，反映出整個社會對巫蠱之術的集體恐懼。

23 杜佑，《通典》，頁四二四五—四二四六。

24 田東奎，二〇〇五。

第六章

結論：中外巫術之比較考量

雖然不少學者認為對巫術的相信是人類社會中自然出現的現象，但也有學者以民族誌的資料證明，有些社會中人們並不相信巫術的存在，因為他們認為社會中一些神祕不幸的事件是由祖靈、鬼怪、精靈等造成的。[1]不過至少我們可以認為，人類社會中對於人外力量的信仰，幾乎是普世性的現象。[2]如果相信人的命運或經驗不能完全由人自己決定，就必須得承認有某種人外的力量，不論是鬼神或精靈，會對人的存在產生影響。巫蠱之術所牽涉到的，只是各種人外力量的一部分。

研究巫術的學者面臨的一個主要問題是，在一個有巫者的社會中，不論人們是否都相信巫術，那些自認被巫術所害的人，他們到底相信什麼？更進一步，巫者自己的說法是什麼？現代人認為，在現實的、科學的光照之下，巫術，甚至是宗教信仰，都是想像的產物，是無法被證明為真的。但在一個信仰

1 Hutton, pp. 423-424.

2 蒲慕州，二〇〇四：二三 ff。

巫術的社會中，現實與想像之間的分別不一定是一清二楚的。巫者的存在，或者人們對巫者的相信，就在這現實與想像之間的夾縫中。但是我們缺乏的資料，是那些以巫術為業的人，他們自己是如何看巫術的有效性？是否真的相信自己有某種操弄超自然力量的能力？或者，在整個社會的傳統習俗認為神明鬼怪為真實存在的事實之情況下，巫者，或者習得巫術的人，會在集體心態的引誘下，讓自己的認知或多或少的進入類似被催眠的狀態，從而認為巫術是有效的？這心態其實與一般民間信仰中對占卜算命的相信類似：算對了，是占卜者的靈驗；算得不對，總可以找到其他的解釋。因為，信仰的本身所帶來的心理上的安慰往往比結果是否靈驗更為重要。

巫蠱，作為一種政治和宮廷鬥爭的工具，可說是漢唐時代的一種特殊現象。蠱的概念起自民間，本只是一種疾病的描述，但它在歷史發展中成為神祕的害人的法術，並且與祝詛的活動聯繫在一起，成為詛咒的一種方法。這當然應該是與蠱病作為一種醫學上的概念自始就沒有清楚的認定，因而也沒有清楚的治療方法有關。顯然，當漢武帝陳皇后巫蠱事件爆發時，巫蠱的概念在當時已是社會上共同承認而且共同懼怕的東西，才有可能造成如此大的風波。不論當時個別的人是否相信，整個社會的大氣氛是籠罩在對巫蠱的相信之中的。可以說，一切藉巫蠱之名而發生的各種政治鬥爭或后妃的爭寵事件，都是在相信巫蠱可能有效的前提之下而成立。這就與歐洲中古時期到近代早期，尤其是十四世紀到十七世紀中大量出現的巫術與獵捕女巫活動有一些可以相比較之處，而我們也必須在此做一些討論。

目前西方學界對那一段極端瘋狂的獵殺女巫的活動的解釋大致是這樣的：在宗教改革之後，新舊教都要加強信眾的信仰之純淨，因為舊教有新教的挑戰和競爭，而新教內部有不同的說法，一般人在聽到人不必經由教會和神父的媒介，就可以直接和上帝交通，就可能各自發展想法，得到不同的結果和解釋，而一旦教會開始真正的下鄉去關心教徒的信仰，他們才發覺在民間其實有許多不合教義的迷信，或者被稱為異端。其實那些迷信或巫術原本自古即存在於歐洲社會中，是古老文化的遺留，只是教會上層人士沒有意識到而已。因而有的學者認為，教會為了要保持教徒信仰的純淨，要促使人們接受正確的教條，遂想要將社會中的異議分子貼上一些標籤，說他們是行古老的巫術傳統，應該加以清除，於是引發了一連串的獵巫事件。[3]這說法不無道理，也有足夠的證據支持，但並不夠全面，因為清除女巫運動並不是單純的宗教上的行動，還牽涉到當時社會人心的恐懼和疑慮，因而事情的發展並不是單純的宗教迫害，而有一大部分是民間百姓彼此之間的矛盾和相互猜忌而造成的。也即是說，它是社會集體心態的反映。教會教士之所以教導其信眾有關魔鬼及其追隨者的理論，原本是要讓百姓因而接受基督的保護，結果反而成為人們用以誣陷對手的藉口。英國史家Alan Macfarlane就主張，當時人們對女巫的迫害大部分是民間社會的衝突和緊張所造成的，與知識分子或教會的關係不大。[4]綜合這些說法，歐洲社會在十四到十七世紀中對所謂的巫術的狂熱追擊，雖然與教會的態度有關，也不乏民間百姓之間彼此的衝突、忌恨、矛盾等因素的推波助瀾。這基本的模式和中國古代的某些巫蠱事件有相似之處。巫蠱或巫術是否真能害人，其實很難證實，但是社會上流行的傳統造成一種氣氛，使人難以完全否定其有效性，因而一種未知的恐懼始終留在人心之中。其結果是，巫蠱之術成為一種兩面之刃：一方面有人會相信其術而想用來加害敵人；另一方面也有人會指控其敵人行巫蠱，因而陷其於罪。當巫蠱的罪名在特定的時空條件之下被用來陷害異己，除了人們主觀上可能相信其有效，其實更有可能是因為當時巫蠱的罪名已經成為一種有效的陷害敵人的藉口。因為社會大氛圍相信巫蠱的有效性，雖然可能真正行巫蠱之術的人是少數，但大多數的人卻比較容易相信別人可能會行巫蠱。這種「我雖不行巫蠱，但我相信很多人的確有可能行巫蠱」的心態，與歐洲迫害女巫的社會心態是相當接近的。因而我們對巫蠱的了解，不止於認識到它是一種民間信仰，或者是一種被人們有意的利用來達到迫害他人的藉口，更要考慮它之所以會成為有效的藉口的生理、心理和社會原因：不明的病痛，因相信有蠱而產生的心理壓力，因為半信半疑又心懷怨恨，而順水推舟的去指控別人行蠱等等，都使得巫蠱的罪名成為迫害異己的利器。

---

3 經典作品為 Trevor-Roper, 1967; Kieckhefer, 1989; Scarre and Callow, 2001; Waite, 2003.

4 Macfarlane, 1999; Ankarloo & Stuart Clark eds., 1999-2002.

有學者認為，歐洲的獵巫熱起因於中古晚期歐洲經濟復甦，人口向城市移動，造成傳統社會結構的變動，也造成人們心理上的不安和焦慮。這不安和焦慮表現在信仰方面，則是對某些極端分子和極端活動的鼓勵，包括巫術活動。[5]這種解釋，且不論仍有討論的空間，也可能無法套用在中國。但是當然我們也可以承認，在每一個例子中，因為人際關係不良而產生的一定程度的心理不安、恐懼、焦慮，多半和行使巫蠱有關係，或者是指控他人行使巫蠱的促因。

英國學者Hutton在一篇文章中回顧了西方巫術相關的研究，企圖給所謂的巫術（witchcraft）下一個比較全面的定義。他提供了一百四十八個歐洲之外的例子，以用來和歐洲的情況做比較。他所給的巫者（witch）的一些特徵描述如下：[6]第一，巫者可以使用非物質性的方法去傷害他人。所謂「非物質」的方法又可被描述為「超自然」或「神祕」等。第二，巫者所害的對象通常是他們熟悉的人。第三，巫者通常祕密活動，不讓受害者得知，同時，其目的不在獲取財物，而是惡意的報復。這種說法是認為我們可以了解並且辨認出巫者的動機，而且這說法認為巫者的個性是邪惡的、反社會的、自私的。第四，巫者的法術通常是源於社會中某些傳統的習俗，是巫者學習而來，或是天生具有的異能，不是隨便就能產生的。第五，巫術是可以被人克服的：或者人可以用各種方式讓巫者放棄巫術，或者有人可以用反巫術去克制巫術，即所謂的逐除之術，或者將巫者驅逐或殺死。

不過值得注意的是，他的例子中沒有包括任何一個亞洲的例子。這不能說不是種遺憾。其實現代學者作品中有關中國或亞洲各地巫術或薩滿的例子並不少見。本書也只能說提供了一個中國歷史上巫術流行情況的例子。根據本研究所見到的例子來看，這五項特徵在中國的例子中大致都可以找得到。不過也有一些值得注意的現象。第一是巫者害人的方法，除了用「非物質」的方式，也就是祝詛之類的活動，中國的巫者還會用蠱毒，這是與歐洲不同的。再就是第

---

5 Russell, 1972: 265 ff; Barstow, 1994, chapter 5.

6 Hutton, 2004.

三項，即巫者的行為基本上雖是祕密活動，但是那些害人的行為卻不見得是出於巫師本身的惡意。在中國的巫蠱案件中，巫者本身多半是一個被雇來施行巫術的人，他們與被害的人不一定有任何個人的恩怨。當然，我們也看到，有的時候那想要害人的主謀者可以自己去詛咒他的敵人，或者施行某種法術，如用針刺偶人埋在地下等，而不一定要藉巫者去達到其害人的目的。這根本的原因，可能是由於中國古代社會中對於巫術的性質採取的主要是一種物質性的了解，即巫術雖然可能是藉著操弄某種超自然的力量來達到害人的目的，但那超自然的力量不一定是巫者與生俱來的。關於此點，《國語．楚語》中有一段經常被引用的對巫者的描述：

> 古者民神不雜。民之精爽不攜貳者，而又能齊肅衷正，其智能上下比義，其聖能光遠宣朗，其明能光照之，其聰能聽徹之，如是則明神降之，在男曰覡，在女曰巫。

這說法認為，巫者有男有女，他們個人的能力品格是智聖聰明，有了這些能力和品格，神明才能降附其身，使他們能行凡人無法達到的事。也就是說，在神明附身之前，他們雖有某種出眾的能力和品格，並不具有超凡的能力。但顯然這種對巫者的性質和能力的了解並不能代表當時所有人的想法，我們甚至不能確定是否代表社會主流意見。巫者的能力是否天生的？根據睡虎地秦簡《日書．生子篇》中的說法，某日誕生的女孩，將來會成為巫者。這似乎是說成為巫者是生來注定的，但僅由文獻內容看來，仍無法確定巫者的巫術是與生俱來的，或者是後天習得的。根據睡虎地秦簡《日書．詰篇》的說法，人們用以逐除鬼物的法術是一些具體的活動，使用具體的物件，並不需要巫者。[7]其原因，是人們認為一些自然界的事物有某種特殊的性質，可以驅除惡靈，而某些行為或姿態也具有某種力量，可以辟邪。只要具備了某些物件或施行某種儀式，即可達到逐除惡靈的目的。

7 蒲慕州，一九九一。

綜觀漢唐時代各種巫蠱祝詛之術的例子，有的是由巫者施行，但也有不少並不需要巫者，而是由主謀者親自祝詛。這一切都指向一項事實：在中國古代，巫蠱之術主要是一種可以習得的技術，不一定要經由巫者施行，這就使得巫者的角色在所謂的巫蠱事件中成為不是最受注目的問題。而最受重視的，是巫蠱是由誰主動的，被害人的身分是什麼，與主謀者的關係又是什麼。所以，在中國，獵捕巫者（witch hunt）雖然重要，但更重要的是要捕到那支使巫者害人的人，因為巫者不會主動的去害人。同時，在中國的例子中，巫術在宮廷鬥爭中被用為一種有效的工具或打擊敵人的藉口，則可能是在歐洲宮廷中看不見的現象。其原因，當與巫術發生的社會階層，巫者與被害者之間的關係等因素有關。

所以如果要比較中國的巫蠱和歐洲的女巫事件，主要應不在於比較兩者的因果關係或者事件進行的情節，而重要的是在藉著檢討歐洲巫術現象所反映的基本心態，來反思中國巫蠱的特質。歐洲的女巫之成為社會問題，有其宗教和文化環境的因素。有些例子顯示，在歐洲，女巫被認為具有某些瘋狂的特質，甚至有的女巫自己也認為自己有異於常人的能力。[8]一種解釋是，由於當時的社會普遍相信世間有魔鬼的門徒，因而女巫的存在不是因為某些個人有非理性的信仰，而是因為整體社會環境和心態促使人接受女巫和巫術的有效性的說法。如果沒有這種整體心態的背景，對巫術的追擊就缺乏說服力。[9]但這也只能是說出了一些雜然並存的眾多原因的一部分。

再者，我們必須了解到，我們所用以討論中國和歐洲的巫術的材料在性質上有相當大的差異。在歐洲，許多相關的記載是保留在教會和地方法庭的檔案中，以法庭審判的口供和證詞為主，有大量的關於女巫的指控、逮捕、審判的紀錄，可以提供研究者分析許多個案的前因後果。以英國十七世紀為例，[10]在相當多的例子中，對於巫術的指控，是社會底層村落裡的人們基於日常生活的

---

8 Ginzburg, 1985; 1991.

9 Anderson and Gordon, 1978.

10 Sharpe, 1991.

摩擦、衝突、妒嫉而產生的。被指控為女巫的人，有相當多是社會中某些原本就不受歡迎，或者與鄰居有衝突的婦女，她們多半年紀較大，言談舉止也許比較兇惡，但亦不一定都是如此。更值得注意的是，指控別人是巫者的人，女性不在少數，甚至包括兒童。由於有審判紀錄可尋，這些女性指控別的女性為巫者，多半是基於疑心，因為某人的小孩生了不明的病，或者某人宣稱自己受到女巫的控制，或者只是惡意的謠言，加上村落社會中原本即存在的人與人之間的衝突，於是她們就指控某人為女巫。重要的是，這些被人指控為女巫的人，多半是在村落中大家多少都認識、知道姓名的，而並非完全的陌生人。這例子至少可以說明：事情遠比某些基於兩性論述的理論來得複雜：女巫之所以會被指控，不見得是基於社會中男性對女性的偏見，或者父系社會對女性的壓迫等等，而常常是女性發動的對其他女性的攻擊，其動機也常只是個人的疑心，或者因為原有的人際衝突而帶有某種程度的報復或洩恨心理，不關任何大道理。總之，有關巫術的指控或疑心經常是村落婦女之間解決日常衝突的一種爆發方式，其中不少時候也牽涉到照顧兒童的一些問題，如不明的疾病、精神失常等等。不但被指控為巫者的常常是女性，而且，許多時候，要如何認定某人是女巫，何種行為是巫術，又應如何去應付巫術，其實都是女性的事。當然，這些例子顯示的也不是全部的實情，因為在許多其他的例子中，男性，甚至兒童，都會被指控為巫者。所以，任何單一的因果解釋都不足以說明全部的情況。[11]

回到中國的例子中，我們可以看到一些明顯的不同：巫者與受害者之間通常並沒有個人的衝突，被指控為行巫術的人雖然有不少是女性，但重點是，中國的巫者通常不是獨立的行為者，他們通常都是被第三者雇來加害敵人。故意或惡意指控某人行巫術也是類似的情況：被指控者通常不是自己行巫術，而是被控雇用巫者去害人。因而中國的巫術例子所反映出的主要不是女性之間衝突的結果，而是上層社會中權力地位之爭的過程中，某些人所選擇的陷害敵人的方式：一方面，人可以主動的指使他人行巫術，以期加害敵人；另一方面，人又可以主動的指控他人行巫術，使敵人陷入行巫術的罪名。兩者，不用說，都

11 Sharpe, 1991; Lehmann, 1988: 119.

在一定程度上相信而且利用了社會公認巫術有效的心理。在這指控和被指控的戲碼中，巫者的角色多半是工具性的配角，而不是主角。值得注意的是，在中國的例子中，我們幾乎沒有任何可以與歐洲審判女巫的紀錄相比的材料。我們既沒有關於那些巫者的個人動機的資料，也很少知道巫者與被害者有何關係，倒是指控別人行巫術的人，與被指控者之間的關係，通常都有跡可尋。

同時，中國與歐洲的情況還有一些不同的是，歐洲有關女巫的論述和基督教會或者基督教信仰有一定的關係，因為巫術在本質上與基督教信仰是不相容的，所以它很容易成為教會反對甚至查禁迫害的對象。如十六世紀末到十七世紀初的日耳曼地區，因為氣候變冷，導致農業蕭條，鄉村人口生活困難。生活窮苦的農民之間因生活資源缺乏而造成人際關係緊張衝突，成為一些人指控其鄰居行巫術的導火線。而一些所謂的智識分子，包括教會人士，此時亦認為是巫者導致農作歉收。他們的意見表現為各種文字印刷品或宣傳手冊，指控農業歉收是魔鬼的作為，而巫者就是魔鬼的門徒。[12]

歐洲的獵巫還牽涉到一個核心的問題，即女性地位和社會對女性的系統性的歧視。現代不少學者以為，歐洲對女巫的迫害，在很大程度上是建基於社會整體對女性的歧見之上。[13]例如最有名的天主教士攻擊女巫的論著*Malleus Maleficarum*由神學的角度說明女性具有天生的缺陷，因此女性會受魔鬼的引誘而成為女巫。[14]即使是所謂的基督新教，與舊教（即天主教）之間有種種不同的論點，獨獨在有關女性的態度上，和天主教沒有什麼差別。其領袖如路德（Luther）和喀爾文（Calvin）等人，也都認為女性為天生的弱者，應該予以限制。[15]

在中國，巫蠱事件中也常牽涉到女性巫者，但在社會中並沒有一個明顯的

---

12 Lehmann, 1988.

13 Barstow, 1994.

14 *Malleus Maleficarum* 出版於一四八六年，是由天主教士 Sprenger 和Kramer所著。見Robbins, 1968: 338; Broedel, 2003.

15 Teall, 1962.

以女性為攻擊對象的思潮。在有關巫蠱的討論中，並沒有人提出女性具有某種不好的，甚至邪惡的本質，或者女性天生就是在道德上和智識上有缺陷，因而容易成為惡魔的害人工具，成為害人的女巫。也就是說，有關巫蠱的討論，其重點不在於巫蠱和女性的關係，而在是誰用巫蠱去傷害誰。而且，巫蠱之術在民間似乎並不是和任何信仰對立而出現，如歐洲的情況。或者說，中國的宗教體系，不論是佛教或者道教，都認為巫蠱之術，不論是因鬼魅或因病毒而造成疾病，都是可以被消除的，它完全不構成對佛教和道教的教義和理論的任何挑戰，反而可以證明其法力的強大。

然而中國與歐洲的巫術現象畢竟有某些可以令人感悟之處。歐洲的獵巫熱是在一個特定的時空環境中產生的，它之所以在十四到十七世紀這一段時間中特別嚴重，反映出當時的一種時代氛圍，這氛圍的組成因素包括了社會人群之間由於經濟生活困苦所造成的各種衝突和怨恨，基督教會為維持信仰和社會秩序而發展出的某些論述、社會傳統文化在某些地區原本即存在著的對女性的偏見，以及從古以來就存在於社會中的有關巫術魔法的傳說與信仰。這些因素在不同地區以不同比重的組合而造成了一波波的事件。因而若要給出一個一體適用的解釋，是相當困難的。[16]但是如果材料足夠深入探討各別事件的前因後果，總是有機會得到適當的答案。獵巫熱的退潮，與這些社會經濟情況的改變，宗教領袖思想的改變，以及啟蒙時代及科學革命和工業革命的來臨都有關係。總之，歐洲的獵巫潮可以說是歐洲近世史上一個比較戲劇化的發展和轉折。

再回到中國，巫蠱事件自漢以下綿延不絕，一直到現代西南少數民族之間仍然存在，但這些事件的發生在當時很難說是造成了社會整體的戲劇性而持續性的動盪，或者形成某種主流思潮必須考量或處理的困難。在宮廷政治的脈絡之下，巫蠱是一種嚴重的罪行，但是其所以嚴重，不是因為巫蠱之術本身對於社會中已存在的宗教信仰有何衝擊，而是因為它是一種傷害人的行為，就如同用武器傷人一樣。但當然它仍有其特點，即它傷人的辦法是比較隱密而不易察

---

16 Behringer, 1997，強調歐洲各地在不同時間內對獵巫有不同的強度和作法。

覺的，而且正因如此，許多時候又成為一種容易陷人於罪的藉口。

本書之所以研究巫蠱，是基於什麼迫切或者重要的理由？我的基本出發點，如序言所述，是為了增進對人性的了解。既然這是一個太過廣泛的目標，必須要利用具體的例子以及可以掌握的材料，才能做一些嘗試。巫蠱事件是否合適用來了解人性，即使是古代的人？我覺得是可能的。從本書前面幾章的討論來看，我認為中國古代的巫蠱事件反映出的人性特質有以下幾點：

一、在最基本的層面，社會中有巫者，人們相信有蠱毒，反映出當時的信仰狀況，和醫藥知識的限制。

二、其次，當人們相信巫者可以下蠱毒害人，反映出社會整體心態承認人性有其邪惡的一面。

三、更其次，當人們學會了利用行巫蠱的罪名去構陷異己，則反映出至少有些人其實不見得相信巫蠱，但很願意利用大眾相信巫蠱的心理，來達到個人構陷敵人的目的。構陷或誣害他人也許是人情之常，以巫蠱來誣陷他人，則是這種常情藉以發揮的特殊管道。

四、在以巫蠱之罪名陷害他人的過程中，可以看到一個社群中流言的傳播，常常是陷害人的幫兇。關於巫蠱的流言一旦出現，指控他人行蠱就成為人們藉機會去除異己的好辦法。在漢武帝巫蠱之禍的過程中，可以比較清楚的看到，當巫蠱的罪名在一時一地造成風潮，已經不是信仰問題，而是一種社會和政治問題。因為宮廷派系之爭，使得巫蠱罪名成為鬥爭的手段。上面幾章也顯示，漢武帝的巫蠱事件不過是類似的事件中我們知道的最詳細的一個例子。

五、巫蠱流言之所以有效，和社會整體對巫蠱至少是半信半疑有關。既然巫蠱之術不容易被完全否定，那就總是有一定的市場。

六、與歐洲的獵巫潮相比，可以看到兩方面人性的共通面：對巫術的信仰，利用巫術罪名指控異己，在半信半疑之間推波助瀾，造成迫害異己的風潮。

巫蠱巫術反映出的人性，是冷血的、殘酷的，但也被社會整體知識的現況所框定。在中國長期歷史的發展中，巫蠱事件只有漢武帝的那次最為後人所知，但歷來學者的注意力都主要放在它的政治意義上，對於所有巫蠱事件背後的宗教和社會心理因素甚少重視。不少學者研究現當代中國西南少數民族仍然存在的蠱毒信仰，多從其為迷信或民間習俗的角度去看，視野比較局限。

所以，本書講述的這段故事，一方面揭示人性的某些特點，另一方面也提供理解歷史的一種角度。但即使我們可以列出以上那幾點特質，是否真的能從這些例子了解更多有關人性的缺點？必須承認，這些例子也許不能提供更細緻的材料，以供心理學家分析，或者讓我們有一個全新的驚奇。日光之下，還有新事嗎？可能沒有。但是，也許至少可以讓我們對一時一地的歷史是如何展開多一些了解，看到生存在那些時空中的一些人們曾經必須面對的恐懼、焦慮、無助之感。又或者可以看到另一些人藏身帷幕之後操控詭計的快感，甚至那些人云亦云、落井下石、藉機報復的人，是如何創造了一段歷史。

我們也注意到，在這當中，宗教信仰並沒有替人解脫巫蠱的威脅，反而藉著它更加擴展自身的能力。即使是以救人為職志的醫者，也將治療蠱疾列為自己醫術的一部分。但他們真的相信那些夾雜在藥方間的咒語能夠治癒蠱毒嗎？也許，病患或其家人的需要，使得那些通常都依循理性和經驗法則論證的醫者必須將咒語列入其治療手段之中。現代人在面對疾病時，除了靠醫生和藥物，不少也向各類神明祝禱祈福，只是這祈福可能不會是醫生的正式處方。古今的差別，在這點上仍未完全不同。

最後，再重複一次個人的了解：歷史寫作既然是一種公開的行為，歷史作者應該負責提供盡可能接近歷史真相的敘述，以免誤導讀者。至於讀者如何閱讀歷史作品，作者多半不易知悉，也很難回應。本書寫作一定有疏失之處，如果讀者能耐心且寬容地讀到最後，疏失之處可能更為明顯。但希望本書所提出的歷史現象及其體現的人性問題仍然值得現代人考量。

參考書目

一、古籍

《史記》（新校本二十四史，下同），北京：中華書局，一九七五—一九八一。
《漢書》，北京：中華書局，一九七五—一九八一。
《後漢書》，北京：中華書局，一九七五—一九八一。
《三國志》，北京：中華書局，一九七五—一九八一。
《宋書》，北京：中華書局，一九七五—一九八一。
《南史》，北京：中華書局，一九七五—一九八一。
《陳書》，北京：中華書局，一九七五—一九八一。
《魏書》，北京：中華書局，一九七五—一九八一。

《北史》，北京：中華書局，一九七五－一九八一。
《隋書》，北京：中華書局，一九七五－一九八一。
《舊唐書》，北京：中華書局，一九七五－一九八一。
《新唐書》，北京：中華書局，一九七五－一九八一。
《周易正義》（阮元十三經注疏本），台北：藝文印書館。
《周禮注疏》（阮元十三經注疏本），台北：藝文印書館。
《禮記注疏》（阮元十三經注疏本），台北：藝文印書館。
《左傳注疏》（阮元十三經注疏本），台北：藝文印書館。
干寶，《搜神記》，上海：上海古籍出版社，一九九五。
王夫之，《讀通鑑論》，上海：商務印書館，一九三六。
王充，黃暉校釋《論衡》，北京：中華書局，一九九〇。
司馬光，《資治通鑑》，北京：中華書局，一九五六。
李昉等，《太平廣記》，北京：中華書局，一九六一。
杜佑，《通典》，北京：中華書局，一九八八。

宗懍，《荊楚歲時記》，佚文，引自《宋政和證類大觀》。見https://ctext.org/wiki.pl?if=gb&chapter=295861

長孫無忌，《唐律疏議》，北京：中華書局，一九八三。

洪邁，《容齋續筆》，上海：上海古籍出版社，一九八七。

孫思邈，《千金要方》（欽定四庫全書本）。

孫思邈，《千金翼方》，北京：人民衛生出版社，一九八二。

桓寬，《鹽鐵論》四部備要本，北京：中華書局，一九五四。

桓譚，《新論》（朱謙之，《新輯本桓譚新論》），北京：中華書局，二〇〇九。

馬端臨，《文獻通考》，台北：新興書局，一九六三。

巢元方，《諸病源候論》（南京中醫學院，《諸病源候論校釋》，北京：人民衛生出版社，二〇〇九）。

張鷟，《朝野僉載》，北京：中華書局，一九七九。

許慎，《說文解字》〔段玉裁注〕，台北：藝文印書館，經韻樓藏版，一九八一。

郭璞注，袁珂點校，《山海經校注》，上海：古籍出版社，一九八〇。

葛洪，《肘後備急方》，北京：商務印書館，一九九五。

賈思勰、石聲漢校釋，《齊民要術》，北京：中華書局，二〇〇九。

道世，《法苑珠林》，上海：上海古籍出版社，一九九一。

應劭、吳樹平校釋，《風俗通義》，天津：天津古籍出版社，一九八八。

顏之推、羅國威校注，《冤魂志》，成都：巴蜀書社，二〇〇一。

二、近人著作

1. 中文：

山西省文物工作委員會編輯，《侯馬盟書》（北京：文物出版社，一九七六），頁四二、七八－七九。

文鏞盛，〈漢代巫覡的社會存在形態〉，《北京師範大學學報（人文社會科學版）》，一九九九年第四期。
方國喻、和志武，《東巴象形文字譜》（雲南人民出版社，一九八一）。
王子今，〈兩漢的「越巫」〉，《南都學壇》，二〇〇五年第一期。
王叔岷，《史記斠証》，台北：中央研究院歷史語言研究所，一九八三。
田余慶，〈論輪台詔〉，《歷史研究》，二：九。
田東奎，〈明清律典中的巫術犯罪〉，《唐都學刊》（二〇〇五）一：八八—九一。
何文靜，〈中古晚期西方對巫術的迫害〉，《菁莪季刊》（一九九九）一一（二）：四〇—五三。
何雯琪，《英格蘭地區之巫術審判（一五六三—一六四九）》（台北：國立政治大學歷史研究所，二〇〇一）。
呂養正，〈苗疆巫蠱鑫探〉，《吉首大學學報（社會科學版）》（二〇〇一）六：六八—七二。

宋兆麟，《巫與巫術》，四川民族出版社，一九八九。

李卉，〈說蠱毒與巫術〉，《中央研究院民族學研究所集刊》（一九六〇）九：二七一—二八二。

李建民，〈婦人媚道考—傳統家庭的衝突與化解方術〉，《新史學》（一九九六）七（四）：一—三二。

李瑤，《巫蠱方術之禍：扮神弄鬼　詐財騙色》，台北：牧村圖書，一九九六。

李錦山，〈漢畫像石反映的巫術習俗〉，《故宮文物月刊》（一九九九）七（五）：一二〇—一三三。

周一謀、蕭佐桃編，《馬王堆醫書考注》，台北：樂群出版公司，一九八九。

林富士，〈中國中古時期的巫者與政治〉，林富士，《巫者的世界》（廣州：廣東人民出版社），頁七〇—一一六。

林富士，《漢代的巫者》，台北：稻鄉出版社，一九九九。

林富士，〈中國六朝時期的巫覡與醫療〉，《中央研究院歷史語言研究所集刊》（一九九九）七〇（一）：一—四八。

林富士，《中國中古時期的宗教與醫療》，新北：聯經出版公司，二〇〇八。
金霞，〈魏晉時期的尚巫之風〉，《許昌學院學報》，二〇〇三年第六期。
胡厚宣，〈殷人疾病考〉，《甲骨文商學論叢初集》，成都：齊魯大學國學研究所，一九四四。
胡新生，〈論漢代巫蠱術的歷史淵源〉，《中國史研究》，一九九七。
容志毅，〈南方巫蠱習俗略述〉，《廣西社會科學》（二〇〇三）一：一七五—一七七。
晁福林，〈春秋時期的詛及其社會影響〉，《史學月刊》（一九九五）五：二二—二七。
翁乃群，〈蠱、性和社會性別——關於我國西南納日人中蠱信仰的一個調查〉，《中國社會科學季刊》（香港），一九九六。
馬新，〈論兩漢民間的巫與巫術〉，《文史哲》（二〇〇一）三：一一九—一二七。
高國藩，《中國巫術史》，上海：三聯書店，一九九九。

張弘毅，〈十七世紀新英格蘭清教徒的「巫師追獵」及其原因分析——以一六九二年麻薩諸塞殖民地「塞倫事件」為例〉，《輔仁歷史學報》（二〇〇一）六：一六五—一八九。

張家山二四七號漢墓竹簡整理小組，《張家山漢墓竹簡〔二四七號墓〕》北京：文物出版社，二〇〇六。

張紫晨，《中國巫術》，上海：三聯書店，一九九〇。

梁釗韜，《中國古代巫術：宗教的起源和發展》，廣州：中山大學出版社，一九九九。

許倬雲，〈西漢政權與社會勢力的交互作用〉，《中央研究院歷史語言研究所集刊》（一九六四）三五：二六一。

陳松長編，《香港中文大學文物館藏簡牘》香港，中文大學文物館，二〇〇一。

陸群、譚必友，〈湘西苗族巫蠱信仰生成之剖析〉，《懷化師專學報》（二〇〇一）二〇（三）：四九—五〇。

葉秀蘭等，〈掃帚與黑貓——談十六世紀到十八世紀歐洲獵巫狂潮〉，《史學》

（一九九四）二〇：一二一－一四七。
管東貴，〈略論歷史上的「偶然」與「必然」〉，《中央研究院歷史語言研究所集刊》（一九八四）五四（四）：一五－三四。
蒲慕州，〈巫蠱之禍的政治意義〉，《中央研究院歷史語言研究所集刊》（一九八七）五七（三）：五一一－五三八。
蒲慕州，〈神仙與高僧——魏晉南北朝宗教心態試探〉，《漢學研究》（一九九〇）八（二）：一四九－一七六。
蒲慕州，〈睡虎地秦簡《日書》的世界〉，《歷史語言研究所集刊》（一九九一）六二（四）：六二三－六七五。
蒲慕州，《追尋一己之福：中國古代的信仰世界》，台北：麥田出版，二〇〇四。
蒲慕州，〈中國古代鬼論述的形成〉，收入蒲慕州編，《鬼魅神魔：中國通俗文化側寫》，台北：麥田出版，二〇〇五，頁一九－四〇。
蒲慕州，《歷史與宗教之間》，香港：三聯書局，二〇一六。

劉章才、賈國靜，〈近代早期歐洲巫術大恐慌原因初探〉，《西南交通大學學報（社會科學版）》，二〇〇四年第二期。

劉禮堂，〈唐代長江流域重巫鬼信淫祀考〉，《武漢大學學報（人文科學版）》（二〇〇一）五四（五）：五六六－五七三。

鄧啟耀，《中國巫蠱考察》，上海：上海文藝出版社，一九九九。

蕭放，〈歲時生活與荊楚民眾的巫鬼觀念——《荊楚歲時記》研究之二〉，《湖北民族學院學報（哲學社會科學版）》（二〇〇四）六：二三－二七。

錢穆，《秦漢史》，香港：香港新華印刷股份公司，一九五七。

戴君仁，《梅園雜著》，台北：學海出版社，一九七五。

嚴耕望，《中國地方行政制度史》，台北：中央研究院歷史語言研究所，一九六三。

2. 英文：

Anderson, A. and R. Gordon. 1978. "Witchcraft and the status of women," *British Journal of Society*, 29（2）（1978）.

Ankarloo, Bengt & Clark, Stuart eds. 1999-2002. *Witchcraft and Magic in Europe*. 6 Vols. London: Athlone Press.

Ankarloo, Bengt & Henningsen, Gustav. eds. 1990. *Early Modern European Witchcraft: Centres and Peripheries*. Oxford: Clarendon Press.

Barry, Jonathan, Marianne Hester, and Gareth Roberts eds. 1996. *Witchcraft in Early Modern Europe: Studies in Culture and Belief*. Cambridge: Cambridge University Press.

Barstow, Anne Llewellyn. 1994. *Witchcraze: A New History of the European Witch Hunts*. San Francisco: Harper.（中譯：嚴韻譯，《獵・殺・女巫：以女性觀點重現的歐洲女巫史》，台北：女書文化，1999。）

Behringer Wolfgang（translated by J. C. Grayson and David Lederer）. 1997.

Hexenverfolgung in Bayern. English Witchcraft Persecutions in Bavaria: Popular Magic, Religious Zealotry and Reason of State in Early Modern Europe. New York: Cambridge University Press.

Behringer, Wolfgang. 2004. *Witches and Witch-Hunts: A Global History.* Cambridge: Polity Press.

Bostridge, Ian. 1997. *Witchcraft and its Transformations, c.1650-c.1750*. Oxford, New York: Clarendon Press.

Bradwell, S. 1991. "Mary Glover's late woeful case," in M. McDonald ed., *Witchcraft and Hysteria in Elizabethan London* London: 1991.

Briggs, R. 1996. "Many reasons why: witchcraft and the problems of Multiple Explanation," in J. Barry, M. Hester and G. Robert eds., *Witchcraft in Early Modern Europe.* Cambridge: Cambridge University Press, 1996.

Broedel, Hans Peter. 2003. *The Malleus Maleficarum and the Construction of Witchcraft : Theology and Popular Belief.* Manchester; New York: Manchester University

Press.

Cai, Liang. 2014. *Witchcraft and the Rise of First Confucian Empire.* Albany, N.Y.: State University of New York Press.

Chen, Chi-Yun. 1984. "Han Dynasty China: Economy, Society, and State Power- a review of Cho-yun Hsu, *Han Agriculture*," *T'ong Pao* LXX: 136-137.

Eliade, M. 1974. "Some observations on European witchcraft," *History of Religions*, 14: 49-72.

Feng, Han-yi and J. K. Shryock. 1935. "The Black Magic in China Known as Ku," *Journal of the American Oriental Society*, 55: 1-30.

Flint, V. I. J. 1991. *The Rise of Magic in Early Medieval Europe*. Princeton: Princeton University Press.

Gager, John G. ed., 1992. *Curse Tablets and Binding Spells from the Ancient World*. New York: Oxford University Press.

Gaskill, Malcolm. 2003. *Witchcraft in England, 1560-1760*. New York: Macmillan.

Geis, Gilbert, and Bunn, Ivan. 1997. *A Trial of Witches: a Seventeenth-century Witchcraft Wrosecution*. London, New York: Routledge.

George Clement Bond and Diane M. Ciekawy, eds., 2001. *Witchcraft Dialogues: Anthropological and Philosophical Exchanges*. Athens, OH.

Gijswijt-Hofstra, M. 1991. "Six centuries of witchcraft in the Netherlands: themes, outlines, and interpretations," in M. Gijswijt-Hofstra and W. Frijhoff eds., *Witchcraft in the Netherlands from the Fourteenth to the Twentieth Century*. Rotterdam: Universitaire Pers.

Ginzburg, Carlo. 1984. "The witches' sabbat: popular cult or inquisition stereotype?" in S. Kaplan ed., *Understanding Popular Culture* Berlin: 1984.

Ginzburg, Carlo. 1985. *Night Battles: Witchcraft and Agrarian Cults in the Sixtheenth and Seventeenth Centuries*. New York: Penguin Books.

Ginzburg, Carlo. 1991. *Ecstasies: Deciphering the Witches's Sabbath*. Pantheon Books.

Golden, Richard M, ed., 2005. *Encyclopedia of Witchcraft: the Western Tradition*. Santa

Barbara, Calif.: ABC-CLIO.

Greenblatt, Stephen. 1990. *Learning to Curse: Essays in Early Modern Culture*. New York: Routledge.

Guiley, Rosemary Ellen. 1989. *The Encyclopedia of Witches and Witchcraft*. New York: Facts on File.

Harley, D. 1990. "Historians as demonologists: the myth of the midwife-witch," *Social History of Medicine*, 3（1990）: 1-26.

Harper, Donald. 2004. "Contracts with the spirit world in Han common religion: The Xuning prayer and sacrifice documents of A.D. 79," *Cahiers d'Extrême-Asie* 14 : 227-267.

Howland, Arthur C, ed., 1957. *Materials toward a History of Witchcraft*. New York: T. Yoseloff.

Hutton, Ronald. 2004. "Anthropological and Historical Approaches to Witchcraft: Potential for a New Collaboration?" *The Historical Journal*, 47（2）（2004）:

413-434.

Kieckhefer, Richard. 1989. *Magic in the Middle Ages*. Cambridge: Cambridge University Press.

Kittredge, George Lyman. 1929. *Witchcraft in Old and New England*. Cambridge, Mass.: Harvard University Press.

Klaniczay, Gábor.（tr. by Susan Singerman, ed. by Karen Margolis）1990. *The Uses of Supernatural Power: the Transformation of Popular Religion in Medieval and Early-modern Europe*. Princeton: Princeton University Press.

Kors, Alan Charles and Peters, Edward, eds., 2001. *Witchcraft in Europe, 400-1700: a Documentary History*. Philadelphia: University of Pennsylvania Press.

Lagerwey, John and Marc Kalinowski. eds., 2009. *Early Chinese Religion, Part One: Shang through Han*（*1250 BCE-CE220*）. Leiden: Brill.

Lagerwey, John and Lü Pengzhi eds. 2010. *Early Chinese Religion, Part Two: The Period of Division*（*CE220- 589*）. Leiden: Brill.

Lagerwey, John. 2019. *Paradigm Shifts in Early and Modern Chinese Religion, A History*. Leiden: Brill.

Larner, Christina（ed. by Alan Macfarlane）.1984. *Witchcraft and Religionf: the Politics of Popular Belief*. New York: Blackwell.

Lea, Henry Charles & Howland, Arthur C. ed., with an intro. by George Lincoln Burr, I. M. Lewis. 1986. *Religion in Context: Cults and Charisma*. Cambridge; New York: Cambridge University Press.

Lehmann, H. 1988. "The persecution of witches as restoration of order," *Central European History*, 21（1988）: 107-121.

Levack, Brian P. & Gijswijt-Hofstra, Marijke & Porter, Roy. 1999. *Witchcraft and Magic in Europe: the Eighteenth and Nineteenth Centuries*. London; New York: Athlone Press.

Levack, Brian P, ed., 1992a. *Anthropological Studies of Witchcraft, Magic, and Religion*. New York: Garland Publishing.

Levack, Brian P, ed., 1992b. *Witchcraft in the Ancient World and the Middle Ages*. New York: Garland Publishing.

Levack, Brian P. 2001. *New Perspectives on Witchcraft, Magic, and Demonology*. New York: Routledge.

Levack, Brian P, ed., 2004. *The Witchcraft Sourcebook*. New York: Routledge.

Loewe, Michael. 1974. *Crisis and Conflict in Han China*. London: Allen & Unwin.

Macfarlane, Alan. 1999. *Witchcraft in Tudor and Stuart England: a Regional and Comparative Study*. London, Routledge & K. Paul.

Martin, Ruth. 1989. *Witchcraft and the Inquisition in Venice, 1550-1650*. Oxford, NY: Blackwell.

Maxwell-Stuart, P. G. 2001. *Witchcraft in Europe and the New World, 1400-1800*. New York: Palgrave.

Merrifield, Ralph. 1987. *The Archaeology of Ritual and Magic*. London: Batsford.

Midelfort, H. C. Erik. 1972. *Witch Hunting in Southwestern Germany, 1562-1684; the*

Social and Intellectual Foundations. Stanford: Stanford University Press.

Mollier, Christine. 2008. *Buddhism and Taoism Face to Face*. Honolulu: University of Hawai‘i Press.

Monter, E. William 1984. *Ritual, Myth, and Magic in Early Modern Europe*. Athens, Ohio: Ohio University Press.

Monter, E. William. 1972. “The Historiography of European Witchcraft: Progress and Prospects,” *The Journal of Interdisciplinary History*, Vol. 2, No. 4, Psychoanalysis and History（Spring 1972）: 435-451.

Monter, E. William. 1976. *Witchcraft in France and Switzerland: the Borderlands during the Reformation*. Ithaca, N.Y.: Cornell University Press.

Monter, W. and J. Tedeschi. 1986. “Toward a statistical profile of the Italian Inquisitions, sixteenth to eighteenth centuries,” in G. Henningsen and J. Tedeschi eds., *The Inquisitions in Early Modern Europe: Studies on Sources and Methods*（Dekalb, Ill. 1986）

Oldridge, Darren. 2002. *The Witchcraft Reader*. London: Routledge.

Poo, Mu-chou. 2009. "Ritual and Ritual Texts in Early China," in John Lagerwey and Marc Kalinowski eds., *Early Chinese Religion, Part One: Shang through Han*（1250 BCE- 220CE）. Leiden: Brill, pp. 281-313.

Poo, Mu-chou. 2010."Justice, Morality, and Skepticism in Six Dynasties Ghost Stories," in Alan K. L. Chan and Yuet-Keung Lo eds., *Interpretation and Literature in Early Medieval China*. Albany, N.Y.: State University of New York Press, pp. 251-273.

Poo, Mu-chou. 2013. "Ancient Chinese Religion," in *Oxford Bibliographies in Chinese Studies*. ed. Tim Wright. New York: Oxford University Press, 2013. http://www.oxfordbibliographies.com

Poo, Mu-chou. 2017. "The Taming of Ghosts in Early Chinese Buddhism," in *Old Society, New Belief: Religious Transformation of China and Rome, ca.1st -6th Centuries*, eds. Mu-chou Poo, H. Drake and L. Raphals. Oxford University Press, pp. 165-181.

Robbins, Rossell Hope. 1968. *The Encyclopedia of Witchcraft and Demonology.* New York: Spring Books.

Roper, L. 1999. “Witchcraft and fantasy in early modern Germany,” in *Oedipus and the Devil*. London: 1999.

Rose, C. 1960. “Calvinism and the Witchcraft Prosecution in England,” *Journal. of the Presbyterian Historical Society of England*, xii, No. I（1960）: 22-27.

Rowland, R. 1993. “‘Fantastical and devilish, persons’: European witch-beliefs in comparative perspective,” in Ankarloo and Henningsen eds., *Early Modern European Witchcraft*. Oxford: Clarendon Press.

Rowlands, Alison. 2003. *Witchcraft Narratives in Germany [electronic resource]: Rothenburg 1561-1652*. New York: Palgrave.

Russell, Jeffrey B. 1980. *A History of Witchcraft: Sorcerers, Heretics, and Pagans*. London: Thames and Hudson.

Russell, Jeffrey Burton. 1972. *Witchcraft in the Middle Ages*. Ithaca, N.Y.: Cornell

University Press.

Scarre. Geoffrey and Callow, John. 2001. *Witchcraft and Magic in Sixteenth- and Seventeenth-century Europe*. Basingstoke: Palgrave.

Sethe, K. 1926. *Die Ächtung Feindlicher Fürsten,* Völker*, und Dinge. Abhandlungen der Prüssicher Akademie der Wissenchaften.* Berlin.

Sharpe, J. A. 1991. "Witchcraft and Women in Seventeenth-century England: Some Northern Evidence," *Continuity and Change,* 6（2）: 179-199.

Summers, Montague. 1926. *The History of Witchcraft and Demonology.* New York: A. A. Knopf.

Summers, Montague. 1927. *The Geography of Witchcraft.* London: K. Paul, Trench, Trubner; New York: A. A. Knopf.

Teall, L. 1962. "Witchcraft and Calvinism in Elizabethan England," *Journal of the History of Ideas*, 23（1962）: 22-36.

Tedeschi, J. 1983. "The Roman Inquisition and witchcraft: an early seventeenth-century

'Inquisition' on correct trial procedure," *Revue de l'Histoire des Religions*, 200（2）: 163-188.

Thomas, Keith. 1971. *Religion and the Decline of Magic*. New York: Charles Scribner.

Trevor-Roper, H. R. 1967. *The European Witch-craze of the Sixteenth and Seventeenth Centuries*. New York : Harper & Row.

Trevor-Roper, H. R. 1972. *Religion, the Reformation and Social Change; and Other Essays*. London: Macmillan.

Valletta, Frederick. 2000. *Witchcraft, Magic and Superstition in England, 1640-70*. Aldershot; Burlington, Vt.: Ashgate.

Waite, Gary K. 2003. *Heresy, Magic and Witchcraft in Early Modern Europe*. Houndmills, Basingstoke, Hampshire; New York: Palgrave Macmillan.

Wilson, Stephen. 2000. *The Magical Universe, Everyday Ritual and Magic in Pre-Modern Europe*. London: Hambledon and London.

Zhao, Xiaohuan. 2013. "Political Uses of Wugu Sorcery in Imperial China: A Cross-Cultural Perspective," *Magic, Ritual, and Witchcraft,* 8（2）: 132-161.

索引

六劃

七劃

八劃

九劃

十劃

十一劃

十二劃

十三劃

十四劃

十五劃

十七劃

十八劃

二十一劃

二十三劃

漢唐的巫蠱與集體心態

2023年9月初版　　定價：新臺幣380元
2024年4月初版第二刷

著　　者　蒲　慕　州
叢書主編　沙　淑　芬
校　　對　蔡　竣　宇
　　　　　陳　佩　伶
內文排版　菩　薩　蠻
封面設計　蔡　婕　岑

出　版　者　聯經出版事業股份有限公司
地　　　址　新北市汐止區大同路一段369號1樓
叢書主編電話　(02)86925588轉5310
台北聯經書房　台北市新生南路三段94號
電　　　話　(02)23620308
郵政劃撥帳戶第0100559-3號
郵撥電話　(02)23620308
印　刷　者　世和印製企業有限公司
總　經　銷　聯合發行股份有限公司
發　行　所　新北市新店區寶橋路235巷6弄6號2樓
電　　　話　(02)29178022

副總編輯　陳　逸　華
總　編　輯　涂　豐　恩
總　經　理　陳　芝　宇
社　　　長　羅　國　俊
發　行　人　林　載　爵

行政院新聞局出版事業登記證局版臺業字第0130號

本書如有缺頁，破損，倒裝請寄回台北聯經書房更換。　ISBN 978-957-08-6961-3 (平裝)
聯經網址：www.linkingbooks.com.tw
電子信箱：linking@udngroup.com

國家圖書館出版品預行編目資料

漢唐的巫蠱與集體心態/蒲慕州著．初版．新北市．聯經．
2023年9月．216面．14.8×21公分
ISBN 978-957-08-6961-3（平裝）
[2024年4月初版第二刷]

1.CST：巫術 2.CST：中國史

295 112008571